Francis Aupiais sma

LA BONNE TERRE ...
L'AFRICAIN HOMME
RELIGIEUX

Textes du père Aupiais sma présentés et annotés par

Pierre Saulnier sma

Collection SMA-Sankofa – Vol. 7

2018 – Rome

Auteur : Francis Aupiais

ISBN-13: 978- 1718715028

ISBN-10: 1718715021

Pour toute commande : s'adresser à Amazon.

SMA Publications
Via della Nocetta, 111, 00164 Rome (Italie)
sma.mediacenter@gmail.com

Le Cardinal Bernardin GANTIN
(1922 – 2008)

A l'occasion du dixième anniversaire de la mort du Cardinal Gantin, la SMA publie une série de 7 volumes sur le père Francis Aupiais : sa biographie et ses écrits. Missionnaire au Dahomey (Bénin), il a œuvré avec compétence et passion pour montrer au monde la beauté, la grandeur et la dignité de l'Afrique dont le Cardinal Gantin, membre honoraire de la SMA, est l'un des fils les plus éminents.

DATES IMPORTANTES DE LA VIE
DU PERE FRANCIS AUPIAIS

11.08.1877 : naissance à Saint-Père-en-Retz (L.I. - France)

29.06.1902 : ordination à la prêtrise aux Missions Africaines

Oct. 1903   : envoi en mission au Dahomey (Abomey, Porto-Novo)

1915-1919 : mobilisation à Dakar (Sénégal)

Nov. 1926 : retour en congé

Mai 1928   : nomination comme provincial de Lyon

Sept. 1931 : supérieur du séminaire de Baudonne

Juill. 1937 : élection comme provincial de Lyon

14.12.1945 : décès à Paris

Francis **AUPIAIS** (1877 – 1945)

BIOGRAPHIES DE FRANCIS AUPIAIS

Par ordre chronologique

Georges HARDY, *Un apôtre d'aujourd'hui : Le révérend père Aupiais, Provincial des Missions Africaines de Lyon*, Larose, Paris, 1949.

Martine BALARD, *Dahomey 1930 : Mission Catholique et culte vodun. L'œuvre de Francis Aupiais (1877-1945), missionnaire et ethnographe*, Presses Universitaires de Perpignan, 1998. 2ᵉ édition : Paris, L'Harmattan, 1999.

Joseph LEJEUNE, *Francis Aupiais, ethnologue*, Oujda (Maroc), 2003.

Dominique AUPIAIS, *Le révérend père Francis Aupiais (1877-1945). Un historien breton pour une reconnaissance africaine*, Ed. JFR Grand Océan, La Réunion, 2006.

Pierre SAULNIER, *La Reconnaissance Africaine. Francis Aupiais (1926-1931) Hier et Aujourd'hui*, SMA Publications, 2018.

Collection SMA-Sankofa

Vol. 1. Société des Missions Africaines, Les circulaires des Préfets apostoliques de Côte d'Ivoire (1895-1911)

Vol. 2. MOUREN, Joseph., The Catholic Missions in Northern Nigeria, Foundation and First Years (1906 – 1910)

Vol. 3. MOUREN, Joseph., Journal de la mission Bénoué-Tchad (1906-1909)

Vol. 4. AUPIAIS, Francis., Cours et Causeries pour « réhabiliter les Noirs »

Vol. 5. SCHOONEN, Adrien., Histoire de nos Constitutions

Vol. 6. SCHOONEN, Adrien., History of our Constitutions

Vol. 7. AUPIAIS, Francis., La bonne Terre… L'Africain, homme religieux

Vol. 8. AUPIAIS, Francis., La Civilisation et l'excès de la Colonisation

Vol. 9. AUPIAIS, Francis., Voyages en Egypte

Vol. 10. AUPIAIS, Francis., Voyages en Afrique Occidentale

Vol. 11. AUPIAIS, Francis., Souvenez-vous. Textes et témoignages

Vol. 12. AUPIAIS, Francis., Lettres à Paul HAZOUMÊ

Pour le catalogue détaillé visitez : smainternational.info

Équipe chargée de SMA Sankofa

Andrea Mandonico, sma, Michel Bonemaison, sma, Roberta Grossi, S. I. Francis Rozario, sma

Collaborateurs de cette édition : Dante Bragagnolo, Marie Guerin et Marie-Jo Hervouet.

INFORMATIONS PRATIQUES

Les documents que nous présentons sont consultables aux Archives de la Société des Missions Africaines à Rome. (AMA)

Dans les citations, nous avons gardé l'orthographe de l'auteur pour les noms tirés des langues africaines ; cette orthographe varie parfois suivant les personnes et les documents.

En général, nous avons gardé la présentation originale de ces textes, surtout les titres et sous-titres de l'auteur ou de l'éditeur. Cependant pour agrémenter nous nous sommes permis de mettre en italique les paroles éventuelles des protagonistes cités par l'auteur.

Pour accéder à davantage d'informations, en particulier sur les membres décédés des Missions Africaines, vous tapez sur Internet le nom et le prénom de la personne recherchée et à la suite Missions Africaines ; vous cliquez, choisissez un site qui indique *nécrologe général*, et vous obtenez au moins un résumé de sa vie.

PRÉFACE

En 1926, le père Francis Aupiais rentre en congé en France Il a alors résidé plus de 20 ans en Afrique, principalement au Dahomey (actuellement le Bénin), d'abord à Abomey pendant quelques mois, puis surtout à Porto-Novo, la capitale de cette colonie du Dahomey. À son retour au Dahomey en 1919, après la guerre qu'il passe à Dakar, Mgr Steinmetz[1], le vicaire apostolique, le nomme supérieur de la mission de Porto-Novo, en même temps que son vicaire général. Poste de confiance : Porto-Novo est un des premiers postes missionnaires de ce pays et la capitale de la colonie, résidence du gouverneur dont il se trouve le plus proche interlocuteur religieux catholique, tandis que l'évêque est à une centaine de kilomètres, à Ouidah, sans liaison rapide entre ces deux villes, car les ponts sur la lagune à Porto-Novo et Cotonou ne sont pas encore construits. En tant que vicaire général, il partage avec son évêque, la mission de l'Église dans ce pays, ses réalisations et ses problèmes.

À son retour en congé, il a le souci de trouver de l'argent pour la construction de la nouvelle église de Porto-Novo, mise en chantier l'année 1925 à la Toussaint. Il a aussi à cœur d'œuvrer pour le respect des Africains et la réhabilitation de l'Afrique, cette fois, non plus en Afrique même, mais en Europe. Très vite, il va multiplier à travers la France et divers pays européens, expositions d'œuvres d'art, conférences, cours, et même projections de films. À cette date, c'est son grand projet missionnaire. C'est dans ce sens que sont prononcées les conférences, que sont écrites les interventions que vous trouverez ici rassemblées. Ce fascicule présente l'aspect religieux, un second

---

[1] *François Steinmetz* (1868-1952), prêtre des Missions Africaines en 1890, missionnaire au Dahomey de 1892 à 1952, vicaire apostolique du Dahomey de 1906 à 1935.

suivra, qui s'attardera sur ses interventions plus sociales et politiques.

Nous avons déjà présenté dans un précédent ouvrage[2] l'histoire du père entre 1926 et 1931, ainsi que ses idées à partir de ses conférences et écrits datés de cette période. Ici nous désirons mettre à la disposition des lecteurs leur intégralité. Un premier fascicule intitulé *Cours et Causeries pour réhabiliter les Noirs*, cours donné à l'Institut Catholique de Paris au printemps 1929, et causeries à Radio Tour Eiffel à la même époque, est parue en 2016[3]. Celui-ci présente d'autres interventions du père avant et après 1929.

Les textes que nous présentons ont été établis, soit à partir d'éditions de cette époque, soit de copies ; malgré nos efforts, il ne nous est pas possible de certifier la parfaite exactitude de ces textes ; ceci pour plusieurs raisons : le père Aupiais écrivait fort mal et écorchait même les noms propres ; il n'est donc pas étonnant que les personnes qui ont généreusement saisi ces textes sur ordinateur pour permettre cette édition, et que nous remercions ici chaleureusement, n'ont pu, elles aussi, malgré toute leur attention et leur bonne volonté, que commettre quelques erreurs que nous-mêmes n'avons pas toujours remarquées et corrigées à la relecture.

En tête de chaque texte, nous donnons les indications pratiques du lieu, de l'auditoire, de la date, des circonstances soit de la conférence, soit du texte écrit. Ceci est de notre propre initiative. De même le sont les notes en bas de page ; celles-ci sont surtout biographiques et permettent des compléments d'information.

---

[2] P. Saulnier, « *Francis Aupiais. La Reconnaissance Africaine. 1926-1931. Hier et Aujourd'hui* », Amazon, 2017.
[3] SMA Sankofa, Vol. n°4, Rome 2016.

INTRODUCTION

Ce fascicule, nous l'avons intitulé « *La Bonne Terre* ». Ce titre, nous le tirons du début de la première conférence que nous publions *'La lumière qui luit dans les ténèbres'*. C'est le sens, résumé en deux mots du projet de réhabilitation des Noirs du Père Aupiais. Il ne veut pas dans son intervention parler des résultats de la prédication de l'Évangile en pays africain, mais de *La Bonne Terre* sur laquelle tombe cette Bonne Nouvelle. Pour cela, il s'appuie sur des exemples concrets de la culture traditionnelle et de la vie des nouveaux chrétiens.

Il ne faut pas oublier que pour l'idéologie dominante de l'époque, ces peuples colonisés *sont des sauvages qu'il faut civiliser et des païens qu'il faut évangéliser. Des traditions africaines, circulez, il n'y a rien à voir ! À l'administration coloniale de civiliser, à l'Église d'évangéliser.* Aupiais récuse une telle attitude : non, les Africains ne sont ni des sauvages ni des païens. Il va démontrer que, bien au contraire, l'Afrique a une culture, une vision du monde visible et invisible, et certainement des choses à nous enseigner.

Toujours dans le sens du respect de l'Afrique, le père Aupiais est sensible à ce qu'il appelle le **régionalisme**, qui pour lui consiste à tenir compte de la culture locale, langue et coutumes, pour l'annonce de l'Évangile. Il rejoint alors le thème de la Semaine Missiologique de Louvain de 1927 sur *Les élites en pays de mission*. Il y présente sa revue *La Reconnaissance Africaine* qui lui a permis de rassembler autour d'un projet commun des élites portonoviennes, toutes d'origine africaine certes, mais diverses, en particulier, autochtones d'une part et anciens esclaves revenus du Brésil d'autre part. Un aspect de ce régionalisme, sur lequel Aupiais ne pouvait qu'être sensible est le **cérémonialisme,** c'est-à-dire le besoin des Africains d'extérioriser leurs sentiments dans les cérémonies sociales et religieuses : c'est son intervention en 1931 *Le cérémonialisme religieux au Dahomey* en introduction à la présentation de son film ethnographique au XV° Congrès International d'Anthropologie et d'Archéologie Préhistorique ; il veut montrer ce 'cérémonialisme' dans les religions africaines en particulier dans les cultes vodun au Dahomey méridional. À propos de ce cérémonialisme, Aupiais qui défend l'idée de 'régionalisme' n'a pu qu'être frappé par l'exubérance des Africains, dans l'expression de leurs sentiments aussi bien dans la vie ordinaire, que dans les cérémonies religieuses.

L'Africain est **capable de recevoir l'Évangile**, car c'est un homme religieux : il est en relation avec ses semblables sur cette terre, mais aussi avec le monde invisible de ses ancêtres et des divinités ; monde invisible toujours présent à la vie de ce monde visible : en témoignent les nombreuses cérémonies tant familiales que publiques, la divination, les ordalies ... Finalement cette conférence se veut ethnographique en présentant de nombreux actes de la vie religieuse des Africains. Dans une autre partie de la conférence le Père Aupiais signalait les francs obstacles, difficultés très graves à la connaissance du vrai Dieu du fait des fétichistes. Dans la conférence intitulée *Les aspirations religieuses des Noirs et leur mise en valeur par le Christianisme*, il parle des dispositions et des qualités naturelles des Noirs ; il aborde ce qu'on nomme alors les pierres d'attente, c'est-à-dire le fond religieux des Africains, l'observation des lois positives, le cérémonialisme.

Un des buts de l'évangélisation, ici et ailleurs dans le monde, est d'établir peu à peu des églises locales, qui se prennent en charge. Aupiais traite de deux aspects de ce problème, d'une part les prêtres et leur formation, d'autre part les religieuses ; les premiers prêtres dahoméens, les abbés Kiti et Mouléro, seront ordonnés en 1930 et 1931. Mais plus rapide, dès le début du siècle, fut la création d'une congrégation religieuse féminine locale. Nous avons ainsi de la main du père, trois interventions qui d'ailleurs se recoupent. Il y présente le rôle de la religieuse autochtone dans l'évangélisation de son pays, et la psychologie de ces femmes consacrées qui transposent dans leur vie religieuse le meilleur de leur éducation traditionnelle. Ces interventions écrites sont : *Deux Sœurs noires*, *Histoire d'une vocation* et *Les religieuses indigènes en Afrique*.

Pierre Saulnier sma, Menton, Janvier 2018

LA LUMIÈRE QUI LUIT DANS LES TENÈBRES

*Cette conférence fut donnée à l'Institut Catholique de Paris en 1928, publiée sous ce titre en Mai 1928 dans **La Revue Apologétique**, et reprise par **La Documentation Catholique**, n° 432 du 16 Juin 1928. Elle fut également donnée sous le titre **Les Noirs, leurs aspirations, leur avenir**, au **Comité National d'Etudes Sociales et Politiques** le 11 Juillet 1927, et publié par ce comité (fasc. 344). Les **éditions Univers** (Lille) la reprendront en 1945. Nous reprenons ici les titres et sous-titres de l'article de la Documentation Catholique.*
Cote aux Archives des Missions Africaines à Rome : 3H16

Au cours de ces leçons (dont celle-ci est la deuxième) et qui ont pour titre général : '' *Les Missions Catholiques et la Civilisation* '', des conférenciers éloquents feront de justes éloges des Missionnaires et des Missions, c'est à dire : des Moissonneurs et de la Moisson. Je voudrais que vous me permettiez de ne parler ni de celle-ci, ni de ceux-là, étant Missionnaire moi-même, mais plutôt de la terre, de la bonne terre docile et féconde qui, cédant aux sollicitations des laboureurs qui la creusent, qui la fouillent, qui la bêchent, se prêtent à l'avidité des semences qui lui prennent le meilleur de ses sucs, voit sortir de son sein les gerbes dorées de la Moisson des Élus.

Quelle est donc cette terre ? Vous osez à peine le penser.

C'est la masse, informe et stérile, croyait-on, des Populations Indigènes, de ces Primitifs de toutes les parties du monde, de ceux de l'Afrique notamment puisqu'il va s'agir d'eux. Oui l'âme africaine, l'âme noire, est une bonne terre, par conséquent non point celle qui est dure comme le roc, non point celle qui est étouffée par les épines, non point celle qui est pillée par les oiseaux, mais la terre grasse qui produit cent pour un, la terre fidèle de laquelle ne sort pas l'ivraie en même temps que le froment.

Fausseté des idées courantes en Europe sur les populations noires

(...) Vous devinez sans doute que je m'apprête à dénoncer la fausseté ou l'exagération (des) affirmations par lesquelles on va disant que le rebut d'humanité – peuplant le continent noir – croupit dans l'ignorance la plus crasse, dans les plus honteuses turpitudes, que le démon règne en maître sur les esprits, les cœurs, la vie même matérielle de ces populations et qu'enfin le christianisme tire d'une sorte de néant les vertus qu'il fait incontestablement éclore.

On voudrait croire que de telles aberrations sont dues à l'ignorance où l'on se trouve en Europe au sujet de contrées aussi lointaines. Mais n'y a-t-il pas eu depuis un siècle assez de voyageurs, de commerçants, de fonctionnaires, de missionnaires, qui, ayant habité ce pays, en ont parlé, en ont écrit abondamment de retour au pays natal ? Dans quelle ville de France, d'autre part, n'y a-t-il pas eu, depuis la guerre, une garnison noire qui a produit quelque impression sans doute, qu'on aurait pu étudier, que l'on n'a pas été sans regarder attentivement ?

À défaut de connaissance, la pitié du moins que nous devrions avoir pour ces pauvres gens, que durant des siècles, nous avons traqués, achetés, vendus, employés inhumainement, la seule pitié ne pouvait-elle pas nous ouvrir les yeux sur les qualités de ces populations « martyres », - qui l'ont été plus que toutes les Pologne, plus que toutes les Irlande ?

Faudrait-il donc croire que cet aveuglement trop certain est une sorte de punition, grâce à quoi les Européens ont été empêchés de ressentir – dans les déliquescences contemporaines – le bienfait du contact de ces âmes saines et simples ?

Je ne le pense pas.

Cause des malentendus :
on s'ignore, on se méconnaît

Mais ne sait-on pas que, de par une insigne faiblesse de leur esprit, les hommes – qui sont au fond les mêmes à travers tous les siècles, sous toutes les latitudes – sont empêchés de se reconnaître entre eux par la différence de leur langage, de leur pays, de leur religion, de leurs mœurs, de leur civilisation ?

Sans changer de continent, l'homme des villes se sent étranger à l'homme des champs - l'homme de notre temps à un homme des temps passés – et que dire du riche et du pauvre, du savant et de l'illettré ! Ce n'est pas que l'on s'ignore, mais qu'on se méconnaît.

Je voudrais énumérer quelques-uns de ces malentendus qui interposent une sorte d'écran entre les noirs et nous, de sorte que, ne pouvant les connaître et les estimer, nous n'avons eu pour eux que du dédain, ou une pitié équivalente à du dédain.

1. Il y a d'abord le préjugé de couleur, ce réflexe difficile à surmonter immédiatement et qui contribue à provoquer non seulement une sorte de répugnance physique, mais encore un commencement d'antipathie, qui ne va pas sans l'hypothèse d'une infériorité intellectuelle ou morale.

2. Il faut nommer ensuite la conception « européenne » que l'on se fait des mœurs indigènes. Quand on entend dire, par exemple, que les hommes ou les femmes de telle ou telle tribu vont demi-nus, pensant à ce que constituerait d'indécent pour des Européens ce dévêtement, on a pour les indigènes qui le pratiquent le profond mépris qu'inspirerait en Europe un pareil manque de pudeur.

Et l'on pourrait en dire autant de certaines coutumes judiciaires, de la polygamie, des sacrifices humains, etc.

3. Serait-il téméraire de croire que le mépris dans lequel on tient les prétendus sauvages de l'Afrique vient confusément de ce que les Européens, qui ne peuvent ni oublier, ni réparer les crimes de la traite, obéissent inconsciemment au désir de s'en justifier en rabaissant ces malheureux noirs, causes du remords de leur conscience historique ?

4. Enfin, le mot « conversion » ne nous a-t-il pas de son côté induit en erreur ? Les convertis, en Europe, ce sont ces âmes

distinguées, nobles, savantes, artistes ou profondément religieuses, qui par l'élévation des sentiments, la science, le goût du beau, reviennent à la vraie foi, de l'indifférence religieuse, de l'hérésie, du schisme. Convertis encore sont ces grands cœurs égarés des Augustin et des Madeleine, dont on ne sait ce qu'il faut admirer le plus, de la sincérité, de leur repentir ou de la fermeté de leurs résolutions.

Évidemment, personne ne songerait à ranger dans ces aristocraties du tournant religieux ou moral ces noirs à l'âme épaisse, au cerveau obscurci. Il reste que la grâce fait sans doute là-bas des miracles, qui ont été impossibles au Calvaire même, et change en excellents chrétiens des hommes qui doivent être, en général, non pas même de bons, mais de mauvais larrons.

Ce que doivent être les noirs dans le plan de la Création et de la Rédemption :
tous les hommes rendent obligatoirement gloire à Dieu par leur existence ; or, les populations noires « ont duré » et se sont conservées.

Avant de commencer à vous dire quels hommes sont en réalité ces noirs de l'Afrique, je voudrais me demander avec vous ce qu'ils « doivent être » selon le plan de la Création, selon le plan de la Rédemption ?

Il n'est point douteux que ces hommes sont appelés au salut parce que Notre-Seigneur est mort pour tous : on ne trouverait personne qui ne convienne de cette grande vérité. Mais, de la même manière, tous les hommes – puisqu'ils appartiennent au monde créé – rendent obligatoirement gloire à Dieu par leur existence, qui doit bien moins faire éclater leur intelligence ou leur volonté que la sagesse ou la puissance de Dieu, de Dieu qui, en donnant aux hommes la possibilité de suivre ses lois, assure à cette partie du monde créé l'harmonie régnant dans tout l'univers, signe de son intervention.

S'il nous est permis, s'il nous est prescrit même d'élever notre âme vers Dieu, de le reconnaître au spectacle des merveilles de la nature qui nous entourent, depuis le magnifique firmament jusqu'à la plus humble fleur des champs, ne sera-t-il pas possible, ne sera-t-il pas obligatoire de chercher et de trouver l'expression de la sagesse éternelle chez ces êtres qui sont au-dessus des autres êtres créés, les hommes, *tous les hommes* ?

L'admirable cantique par lequel les prêtres sont tenus de rendre grâces à Dieu après leur messe quotidienne l'exprime nettement. Je veux parler du cantique des trois jeunes gens dans la fournaise : *Benedicite, omnia opera Domini, Domino* (Œuvres du Seigneur, bénissez le Seigneur), et la longue énumération de tout ce qui existe dans les airs : le soleil, la lune, les étoiles, la rosée, les nuages, la neige, les glaces, les éclairs et les ténèbres ; de tout ce qui existe sur la terre : les monts, les collines, les sources, les mers, les fleuves, les poissons, les animaux et les troupeaux, se termine par ces paroles significatives : *Benedicite, filii hominum, Domino* (Fils des hommes, bénissez le Seigneur).

L'auteur inspiré achève son cantique en adjurant aussi Israël de rendre gloire au Seigneur – Israël, c'est-à-dire le peuple béni, figure de l'Église, - et pour le mieux faire comprendre, il énumère les prêtres et les serviteurs de Dieu, les âmes des justes, les saints et les humbles de cœur. Les fils des hommes qui ne font point partie d'Israël, ce sont sans doute ces hommes de toute langue, de toute tribu, de toute nation, de tout peuple, dont la liturgie nous parlait dans l'office de la Toussaint ; ce sont, Mesdames et Messieurs, tous les peuples de la terre, les jaunes, les rouges, les noirs, qui, sans être encore sauvés, rendent cependant gloire à Dieu parce que leur existence est en accord avec la grandeur et la beauté de la création.

De quelle manière ? dira-t-on.

Parce que ces populations « ont duré » et qu'elles se sont conservées « dans leur espèce », par des moyens qui sont universels. Si nous nous demandons, en effet, à quelles conditions les sociétés humaines se maintiennent, nous nous rendrons compte, l'histoire en mains, que les empires ont chancelé, que les peuples ont disparu quand ils étaient livrés à l'irréligion, à l'anarchie, à l'immoralité, c'est-à-dire quand les individus ont voulu, dans ces sociétés, se passer de la croyance à des interventions ou à des sanctions d'un ordre supérieur.

Le sens du divin : quelques objections

On peut affirmer précisément que chez les Noirs en général on retrouve ce sens du divin qui donne aux « personnes » et aux « choses », dont la « fonction » ou « l'usage » sont utiles à la conservation ou à la propagation des sociétés, une origine mystique, seule capable d'assurer parmi les hommes, même civilisés, leur « puissance » ou leur « efficacité »...

Vous n'êtes point habitués à entendre parler des Noirs de la sorte, et de nombreuses objections se présentent certainement à votre esprit, auxquelles je voudrais essayer de répondre.

La polygamie africaine : ce qu'elle est en réalité

Que penser par exemple de la polygamie ?

Cette institution africaine est mal connue des Européens, parce que ceux-ci l'assimilent au défaut de sens moral, au manque de dignité, dont ferait preuve un Européen fondant sur la suppression de la liberté individuelle de ses compagnes, sur le désordre qui règnerait dans sa maison, un foyer où les enfants seraient loin de trouver la douce chaleur du nid qui convient aux tout petits des hommes.

La polygamie africaine – au moins celle qui existe dans la partie saine de la population – ne correspond à rien de ce que nous imaginons.

Précédée de consultations familiales accompagnées de cérémonies religieuses relatives au culte des ancêtres, l'union de l'homme et de la femme ne constitue pas la création d'un foyer, ayant une entité particulière : une jeune femme qui est donnée par une famille à une autre famille se trouve bien plus alliée à cette famille qu'à son mari lui-même, de sorte qu'ayant des enfants, ces enfants seront immédiatement intégrés dans la collectivité-mère (à laquelle appartient le mari).

Cette jeune femme, qui n'est pas épouse déjà au sens européen, cessera tout à fait de l'être quand elle deviendra enceinte, quand elle sera mère, se consacrant exclusivement, pendant 4 ou 5 ans, aux soins que réclame d'elle son enfant.

Déjà nous voyons que la polygamie ainsi comprise ne doit être que « successive » et que non seulement elle ne conduit pas les hommes aux excès charnels, mais qu'elle limite les relations conjugales au but explicite de la procréation.

L'enfant est le seul maître, je dirais presque le seul tyran de sa mère, qui ne vit que pour lui, lui consacrant ses soins, ses ressources, sa vie tout entière. Les femmes noires sont des mères admirables par la polygamie, qui leur en laisse la liberté.

Il faut ajouter que pendant le temps qu'elle passe près de son enfant – éloignée de son mari – (j'ai dit 4 ou 5 ans), la jeune femme indigène a pour société principale son enfant, dont elle est aussi à peu près la seule compagnie. N'est-ce point une chose touchante de voir ainsi la mère se faire enfant pour son enfant ? Ne peut-on croire qu'il y a pour elle dans cette condescendance une adaptation de son âme à l'innocence de son petit, à la paix même qui règne dans le cœur des enfants et qu'ils répandent si facilement autour d'eux ?

Et quelle première éducation pour l'enfant qui trouve si près de lui et dans une telle communion d'impressions et d'idées échangées une âme qui s'est faite sœur de la sienne !

Vous avez certainement entendu parler de l'attachement du Noir pour sa mère ; cet attachement prend sa source dans ses heureuses années de sa première enfance où, réincarné d'une certaine manière à sa mère, il a été sa vie, comme elle a été la sienne.

Les sacrifices humains

Que penser ensuite des sacrifices humains ?

Le P. Guilcher[4] vous a rapporté la semaine dernière, à propos de ceux d'Abomey, les attestations de témoins oculaires européens, ou de témoins très bien documentés.

Je n'ai qu'à rappeler ici ce que j'ai dit plus haut : les Européens qui ont assisté à ces massacres n'étaient pas suffisamment instruits des lois religieuses indigènes, de la mentalité des noirs, pour voir dans ces immolations autre chose

---

'René Guilcher : né à Morlaix (Finistère) en 1881, ordonné prêtre aux Missions Africaines en 1903, missionnaire en Égypte de 1903 à 1921, décédé en 1948 à Lyon ; enseigne à l'Institut Catholique de Paris.

que des tueries, qui leur paraissaient évidemment stupides autant que cruelles – selon leur concept européen.

Le P. Guilcher nous ayant dit que si les « coutumes » ont été célébrées sous Béhanzin[5] avec la férocité qu'il nous a décrite, c'est que les Européens, ayant favorisé la traite et encombré les marchés d'esclaves invendus, avaient contribué de la sorte à augmenter le nombre des victimes prises ainsi parmi les reliquats des ventes. À cause de cela, les sacrifices humains du temps de Béhanzin doivent être rayés de la liturgie dahoméenne, à laquelle ils n'ont jamais appartenu.

Mais il y eut en pays noir d'autres sacrifices que ceux-là, même au Dahomey.

Le prix de la vie : Double sentiment d'estime et de dédain du corps

Comment les expliquer ? Peut-on même les défendre ?

Oui, mais en les examinant du point de vue indigène et non du point de vue européen, c'est-à-dire en cherchant à se représenter en quelle estime, en quelle vénération on tenait le roi, seigneur et maître de tout, demi-dieu qui ne pouvait être injuste, qui ne pouvait avoir tort, qui pouvait tout demander, qui pouvait tout attendre, non pas que ses sujets se considérassent comme des esclaves, ni même comme *ses* esclaves, mais parce qu'ils avaient la certitude que le roi descendait des plus grands et premiers fondateurs de la tribu, qu'il n'était pas à proprement parler un homme, et que toutes les divinités de la liturgie, tous les ancêtres de l'histoire le protégeaient, le guidaient et étaient prêts à le venger en cas de manque de respect ou d'obéissance.

C'est-à-dire encore, en cherchant à se représenter ce qu'était pour eux, indigènes, la survie qui suivait la mort et qui donnait à celle-ci la vraie signification d'un « passage » dans un monde si identique qu'on ne pouvait l'appeler « un autre monde », puisqu'on devait y retrouver en même temps que sa famille – ce qui était son principal objet – ses occupations, ses fonctions, et les mêmes conditions de l'existence antérieure, si

---

[5]*Béhanzin* (1845-1906), roi d'Abomey, vaincu et déposé par les Français, mort en déportation.

même l'on n'était pas appelé à revenir ici-bas habiter, sous forme d'esprit, le corps de l'un de ses descendants, ou celui d'un animal.

C'est-à-dire enfin, en cherchant à se représenter ce que les noirs pensent du prix de la vie, ou plutôt de la valeur de notre enveloppe charnelle.

On trouve ici deux sentiments alternatifs.

Tantôt les noirs semblent tellement priser leur propre corps qu'ils ne peuvent s'empêcher de l'associer à leur vie morale, de telle sorte qu'il en devient parfois l'enjeu, parfois la rançon ; l'enjeu : quand toutes les prescriptions relatives à l'honnêteté, à la pudeur, à la religion, ont pour sanction – en cas de manquements graves – la mort plus ou moins violente ; la rançon quand, pour être acceptables, les prières et les sacrifices ont besoin d'être appuyés de privations de nourriture, par lesquelles le corps est associé encore aux rapports des hommes avec les divinités.

Tantôt les noirs semblent au contraire le dédaigner. Ce dédain est d'ailleurs figuré plutôt que réel, car il n'est point d'exemple que l'on ait laissé sans sépulture le corps d'un homme de la tribu – ou sans sacrifice la tombe d'un adversaire, même d'un ennemi de guerre.

Ce dédain apparaît tel aussi parce que l'estime va tout entière à la vie des mânes, à la vie de l'âme, à la vie de la divinité, qui se partagent l'existence d'un mortel et auprès desquelles le fait de mourir passe pour une chose bien insignifiante.

Dans l'un ou l'autre cas, d'attachement ou d'indifférence envers leur chair, - les noirs pouvaient-il hésiter à sacrifier un serviteur ou un esclave dont le roi défunt exigeait la mort et qui ne faisaient en somme que changer de pays, puisque l'au-delà s'appelait le « pays des morts » ?

À vrai dire, on ne commençait pas par tuer ; les femmes les plus dévouées, les ministres les plus fidèles s'immolaient eux-mêmes, ayant prévu ce sacrifice quand ils étaient entrés dans la maison du roi et l'acceptant comme un noble devoir envers le monarque. Et il faut voir là le véritable mode comme le seul caractère du sacrifice humain pratiqué à la mort des chefs par certains peuples primitifs : un beau sacrifice à une grande idée.

À quoi reconnaître le « signe » de Dieu ?

En vous présentant la polygamie et le sacrifice humain comme je viens de le faire, je n'ai point eu pour but leur apologie, mais seulement une mise au point nécessaire, dont votre christianisme éclairé ne s'est point scandalisé, j'en suis sûr, et qui nous a préparés à rechercher, dans les dispositions religieuses des noirs et leurs institutions, le « signe » de Dieu, qui doit apparaître là comme dans le reste de la Création.

À quoi se reconnaîtra-t-il ?

À l'adaptation des moyens à la fin, à la fin immédiate des créatures : leur conservation ; à leur fin médiate : la gloire de Dieu, celle-ci étant principale, celle-là secondaire ou subordonnée, d'une telle manière néanmoins que c'est de Dieu que vient l'ordre général qui règne dans les sociétés humaines et que c'est de celle-ci – quand elles observent cet ordre – que vient la gloire de Dieu.

En cours de route, nous ne manquerons pas de trouver, hélas ! aussi, les suites du péché originel, qui a atteint l'équilibre parfait du Paradis terrestre, mais qui ne l'a pas détruit complètement et a laissé au magnifique édifice de la création des vestiges assez beaux pour que nous les reconnaissions encore.

Dans leurs traditions : traces de la révélation primitive

Dans cet ordre d'idées, on s'est complu bien souvent à rechercher dans les traditions de l'humanité des traces de la révélation primitive.

Je crois utile de citer deux exemples de cette similitude qui proviennent l'un du folklore de la race Yorouba (Nigeria), l'autre des traditions religieuses des Pedas (Dahomey).

Le premier se rapporte à la Création et à la chute : c'est « Fa » (divinité des oracles dont il sera parlé un peu plus loin) qui a créé la nuit et immédiatement après, le premier homme, appelé le roi d'Ifé – selon le récit Yorouba.

Le roi d'Ifé demanda s'il resterait toute sa vie dans l'obscurité. – Non, lui répondit Fa, qui lui conseilla d'aller trouver Tossonon, le forgeron du ciel ; il obtiendrait le soleil et la lune, mais non simultanément.

Le roi d'Ifé, cependant n'avait point d'eau ; Fa envoya une poule – sans plumes – du ciel et en même temps la pluie commença à tomber. Le roi d'Ifé demanda ensuite de l'eau moins passagère que la pluie ; il obtint une rivière. Mais il n'avait pas d'enfants.

À ce moment, les hommes et les femmes qui existaient en même temps que le roi d'Ifé n'avaient entre eux aucun rapport. Fa a commandé que l'on fît un Lêgba (représentation de l'esprit du mal). L'esprit du mal a battu du tam-tam, le roi d'Ifé a dansé, sa femme aussi ; d'autres hommes, d'autres femmes sont arrivés sur ces entrefaites, ils ont pris part à la danse. La pluie est survenue. L'esprit du mal a conseillé à tous les danseurs de se mettre à l'abri ; il les a enfermés ensemble, hommes et femmes, et quand on a voulu les délivrer quelques temps après, il y avait, avec les hommes et les femmes, des enfants.

Le deuxième se rapporte au serpent.

Les Pedas racontent donc qu'au commencement du monde les hommes avaient les yeux fermés. Un jour, le serpent les leur ouvrit sans la permission de Dieu, créateur des fétiches, des hommes et de l'univers.

Les hommes voyaient alors les fétiches dans leur forme monstrueuse et se moquaient de celui-ci, qui n'avait qu'un bras, de celui-là qui n'avait qu'une jambe. Humiliés des irrévérences des hommes, les fétiches portèrent plainte à Dieu. Et Dieu les enleva aux regards profanes du genre humain en les rendant désormais invisibles, à la réserve du serpent, en punition de sa faute. Il l'accabla de reproches et le maudit : tu ramperas toujours sur la terre, lui dit-il, tu seras foulé aux pieds, exposé tout nu aux regards des hommes et ainsi déshonoré parmi les autres fétiches.

Dans le premier récit, l'ordre établi dans la création : les ténèbres, le soleil, la lune, les eaux, l'innocence des hommes, la tentation du démon. Dans le deuxième récit, la révélation du serpent, la malédiction dont il est l'objet s'apparentent étrangement au récit de la Genèse.

Mais a-t-on raison de limiter des recherches de ce genre à une identification approximative entre le récit biblique et les traditions orales des primitifs ?

Un peuple a été le peuple de Dieu ; après le paradis terrestre, il a vécu au milieu des autres peuples et nous savons son histoire. Il a été le peuple modèle. Ne devons-nous pas en faire le peuple-type auprès duquel les autres peuples ne seront que des copies imparfaites sans doute, mais des copies cependant, dont il sera utile de rechercher les points de contact avec l'original ?

Or, nous savons que les Hébreux ont eu besoin de croyances et sanctions, du sein d'Abraham et d'un Sinaï, pour étayer leur morale de miracles, pour soutenir leur foi de consolations intérieures, pour garder le goût de la prière, de jeûnes et de mortifications pour recevoir le pardon de leurs fautes, de sacrifices pour communiquer avec Jéhovah, de prêtres pour entretenir le culte et que leurs rois et leurs chefs tinrent leur autorité de Dieu même.

Dans leurs qualités morales : déconcertant souvent les missionnaires

Mais s'il arrive que devant les populations africaines nous nous trouvions en face de sociétés fortement hiérarchisées, profondément religieuses, admirablement morales, n'allons-nous pas nous dire : Nous voyons ici le passage de Dieu ?

Mais où donc est ici le Père des croyants, et Moïse et Aaron, où sont les miracles, où sont les communications avec la Divinité, où sont les mouvements intérieurs de la ferveur ou du repentir ? Je n'ai pas la prétention de répondre à ces questions.

Je veux seulement vous dire, pour éclairer vos esprits sur ces graves problèmes, que le missionnaire est profondément ému quand, prenant contact avec la partie du troupeau qui lui est confiée pour qu'il l'évangélise, il se trouve en présence d'éléments de populations dont les qualités morales le déconcertent parce qu'elles ne semblent point mettre ces hommes sous l'empire du démon – autrement que par la « faute originelle ».

Le missionnaire note d'abord le respect dont on l'entoure. Le P. Guilcher vous a narré deux faits significatifs à ce sujet : la procession liturgique que le P. Borghero[6] organisa pour se

---

[6]*Francesco Borghero* (1830-1892), italien, ordonné prêtre à Subiaco (Italie) en 1854, membre de la Société des Missions Africaines en 1859, fit partie comme

présenter au roi d'Abomey, procession demandée par le roi Guézo[7] lui-même, qui voulait recevoir avec déférence, avec religion, celui qu'on ne pouvait recevoir autrement, le prêtre des blancs. Lors de sa première visite à l'église de Porto-Novo, le roi Toffa[8] fit dire au Père supérieur de la Mission que, par respect pour le Saint Lieu, il laisserait à la porte de l'église le cortège de ses femmes, dont il lui était interdit pourtant de se séparer.

Je puis certifier que ces dispositions respectueuses envers le prêtre, les églises, les prières et la liturgie existent chez le moindre des sujets de ces deux rois.

Des non-chrétiens viennent nous demander des prières, des messes même, non point parce qu'ils ont une particulière confiance en nos personnes, mais parce qu'ils pressentent nos fonctions d'intercesseurs, d'hommes placés entre le ciel et la terre. Notre présence seule, sans parler de notre apostolat, fait rendre à ces âmes le son du plus pur métal. Voici deux faits entre mille :

Un homme d'une cinquantaine d'années, fils aîné d'une veuve, était mort subitement, le jour même où l'un de ses frères puînés s'était marié le matin.

L'ayant appris, je me rendis l'après-midi à la maison mortuaire, qui était en même temps le lieu de célébration des noces.

Aussitôt que la mère m'aperçut – elle n'était ni chrétienne ni christianisante, - elle me dit spontanément, avant que j'eusse ouvert la bouche pour parler de condoléances : « *Dieu me l'avait donné, Dieu me l'a pris.* »

Une autre fois, on m'avait appelé au milieu de la nuit auprès d'une jeune femme gravement malade et qui mourut en ma présence, après avoir reçu le baptême.

Sa mère se tenait à son chevet, immobile et silencieuse, quoique j'eusse fait comprendre que tout était fini, hélas ! Tout à

---

responsable de la première équipe de prêtres des Missions Africaines qui débarqua à Ouidah (Dahomey) en 1861, rentra en Europe en 1865.

[7]*Guézo* : roi d'Abomey de 1818 à 1858. En fait, le père Borghero fut reçu à Abomey par le roi Glélé en 1861. (Glélé fut roi d'Abomey de 1858 à 1889). Pour la relation de ce voyage de Ouidah à Abomey et de la réception dans cette ville, voir : *Journal de Francesco Borghero*, pp. 58 et s. Paris, Karthala, 1997.

[8]*Toffa* ou *Tofa* (1850-1908), roi de Porto-Novo (Dahomey).

coup, elle se leva et sortit. Je l'accompagnai, redoutant un acte de désespoir, et je la vis joindre les mains, les lever vers le ciel et se mettre en même temps à crier très haut : « *Ma fille est partie, ma fille s'est tue, le Seigneur a visité ma maison aujourd'hui, merci, Seigneur.* »

Et elle éclata en sanglots.

Quand le missionnaire entend ces choses, quand il voit encore combien ces populations sont honnêtes, dans le sens le plus élevé, c'est-à-dire combien elles respectent le bien d'autrui, combien elles sont d'une étonnante intégrité de mœurs, combien elles sont fidèles à la parole donnée, confiantes et polies envers l'étranger, droites en affaires, ne peut-il se dire : Dieu est ici, et dans les siècles il ne s'est pas tenu éloigné de ces populations ; ou bien, ce qui devrait revenir au même : Dieu est proche.

Les leviers des religions rudimentaires des noirs

Qui oserait dire néanmoins que Dieu est là où ces populations l'ont cherché, à l'intérieur de ces religions rudimentaires, qu'elles se transmettent depuis des millénaires, ou dans ces leviers psychologiques, que je n'ose appeler des bases morales, qui ont pourtant soulevé et porté très haut leur moralité, et dont nous ne voulons pas croire que le point d'appui soit le Créateur ?

Ces leviers, les voici : 1° la consultation des oracles ; 2° l'épreuve du poison ; 3° la crainte du châtiment ; 4° la croyance à la survie des ancêtres ; 5° l'esprit préternaturel.

Consultation des oracles

On n'a rien compris à l'âme primitive quand on n'a pas mesuré l'importance de la place que tient, dans l'économie religieuse, l'oracle, le devin, qui n'est point un simple tireur de sorts, mais un sage formé pendant de longues années à l'école d'un autre sage plus instruit, plus ancien.

Je ne peux m'attarder à vous faire connaître par le détail l'origine et les aspects de cette science – c'en est une – ni les formes sous lesquelles on y recourt.

Voici quelques exemples des sentences que rendent les oracles :

Quand il s'agit d'un présage heureux :

« *L'eau de la crue viendra jusqu'à l'arbre de la rive, mais l'eau se retirera et l'arbre restera.* »

« *Si l'on se rend à une invitation au jour convenu, on ne trouvera pas de la viande crue.* »

« *Celui qui donne beaucoup recevra beaucoup.* »

« *Tous les biens viendront de Dieu à celui qui fait preuve de patience.* »

Quand il s'agit d'un présage malheureux :

« *C'est le col de la jarre qui casse la jarre.* »

« *Le marteau courroucé passe sa colère sur le fer.* »

« *La faucille est venue raser la céréale qui lui a porté un défi.* »

La divination, ayant influencé des générations et des générations, a imprégné les âmes de deux sentiments qui sont très caractéristiques de la mentalité africaine : 1° une grande défiance de ses propres lumières ; 2° la plus grande confiance dans « l'intercession » et dans le « sacrifice », qui sont distincts l'un de l'autre de la manière suivante :

Avant de commencer un travail important, comme la construction d'une maison, avant de traiter un marché, de partir pour un voyage et dans toutes les circonstances de la vie, on *consultera* « Fa » - c'est le nom de la divinité des oracles - ne se fiant ni à son expérience des affaires, ni à sa connaissance des hommes, ni à son habileté dans sa profession, ni à sa santé, ni à son crédit, ni à sa bourse, ni à sa parenté ; ne cédant ni à la colère, ni à la tristesse, ni à l'entraînement de la générosité ou des sentiments de famille.

Que l'oracle prononce une sentence défavorable, il y aura à calmer le destin par une offrande qu'il faudra déposer dans les endroits les plus divers – selon les cas : forêt, chemin, marais, arbre, etc. Il est convenable d'en user de même si les présages sont heureux.

Et dans les deux cas, le succès obtenu, il y a sans aucune rémission – et d'ailleurs sans aucune omission – la prière d'action de grâces. Je puis certifier qu'on ne voit jamais un indigène faire l'une ou l'autre de ces multiples prières d'une manière machinale. Rien n'est plus solennel que la prière des primitifs, en général.

Épreuve du poison

Tout le monde sait en quoi consiste cette sorte de « *Jugement de Dieu* », qui a pour objet de faire prendre un breuvage nocif – ou même mortel – à un accusé qui en ressentira du mal ou n'éprouvera rien suivant qu'il est coupable ou non.

Si l'aveu d'une faute fait partie non seulement de la morale judiciaire, mais encore de la morale sociale et de l'amendement individuel, on peut dire que ce moyen redoutable et redouté d'investigation contribue beaucoup moins à faire connaître les fautes qu'à empêcher qu'elles ne soient commises.

Crainte du châtiment

Je ne veux pas dire qu'il s'agit ici d'une sorte de peur du gendarme, qui serait comme partout le commencement de la sagesse. En réalité, la police serait à peu près inutile – au moins le jour – dans ces pays où l'on se contente de ce que l'on a, où l'on a peu de choses et où les jeunes gens et les hommes sont tenus – quel que soit leur âge – sous une étroite tutelle, celle du chef de famille, qui ne veille point seulement sur la moralité, mais qui en donne l'exemple.

D'ailleurs, la législation étant ce qu'elle est, c'est-à-dire toutes les prescriptions de la décence, de l'honnêteté, de la politesse, du respect envers le roi, ayant le caractère des prescriptions religieuses, la violation de ces prescriptions devient une faute contre les ancêtres, susceptible d'être punie par eux. Leur intervention est inévitable, car les ancêtres sont les gardiens vigilants des mœurs, des lois, des coutumes, et rien ne leur échappe depuis qu'ils font partie du monde invisible.

Peut-on assurer qu'il y a une relation certaine entre telle faute commise par un homme de la tribu et la punition – maladie ou accident – qui l'atteint inopinément ?

Peu importe. Les indigènes sont persuadés que rien n'arrive de fâcheux, de malheureux à un homme qui ne soit l'expression de la colère d'en haut, colère motivée par une faute. Quel est celui qui est sans péché, même dans ces pays ? Aussi quel ressort trouvent les hommes faibles ou pusillanimes, dans cette croyance qu'ils seront irrémédiablement punis, bientôt, demain peut-être, dans leur corps ou dans leurs biens, de sorte que leur réprobation sera publique !

Croyance à la survie des ancêtres

Nous venons de le voir, les morts se tiennent près des vivants. Comment pourrait-il en être autrement, puisque l'on sait qu'ils vivent d'une manière presque identique au pays des défunts, puisque l'on connaît le lieu de leur sépulture – qui est bien souvent l'une des chambres de la case, où il leur sera servi à boire, à manger, en même temps qu'on ira leur demander là conseil et protection.

On peut affirmer que la principale religion des noirs est le culte des ancêtres, culte « très utile », qui donne de la fixité à ces races dont on peut dire :

Là où sont les tombeaux, là est la patrie.

Culte « très beau », car il prolonge au-delà de l'existence le respect et l'affection, la vénération même qui sont dus aux parents.

Culte « tout spirituel », car il rend hommage à des mémoires sacrées, à de pieux exemples, à ces anciens dont on sait qu'ils ont été fidèles aux usages qu'ils tenaient eux-mêmes de ceux qui étaient plus anciens qu'eux.

Culte « très fécond », car par lui les fils se tiennent en contact avec les sources de leur vie morale, sources dont ils reçoivent la fidélité, l'admirable fidélité des primitifs qui se passe de raison – comme le cœur – et qui trouve dans la seule tradition un appui suffisant à ses coutumes.

Esprit préternaturel

J'ose dire que nous touchons ici à ce qu'il y a de plus « providentiel », à mon humble avis du moins, dans tout ce qui éclaire, conduit, protège les individus et les peuples noirs, leur vie matérielle ou leur vie spirituelle. L'esprit préternaturel est un don merveilleux qui, s'emparant des êtres et des choses, les transpose sur un plan idéal, de sorte que rien n'est plus terrestre ni humain de ce qui entoure les hommes.

Les primitifs vivent dans le sacré. Le principal bienfait de cette disposition est qu'elle a trouvé la formule d'un équilibre social étonnant, grâce à un système de compensation qui ne cesse jamais de jouer.

Dans ce pays à formation communautaire (de mœurs rudes, d'ailleurs), où l'égoïsme des collectivités est féroce, les plus faibles des individus vont trouver une protection aussi subite qu'imprévue.

Le petit enfant – qui pourrait être sacrifié dans l'instabilité ou le dénuement de la vie aux champs ou de la vie en forêt – est entouré d'une sorte de culte (sans parler des soins excessifs de sa mère dont j'ai parlé plus haut), pour les raisons suivantes :

La paix de « l'autre monde » dépend de la quantité ou de la valeur des sacrifices que font pour les mânes des ancêtres leurs descendants.

Cet enfant qui vient de naître, il faut qu'il vive afin de survivre à ses parents pour être le prêtre de leurs funérailles.

À cet enfant on a donné, le huitième jour qui a suivi sa naissance, un nom rappelant un évènement qui s'est passé récemment dans la famille. Cet évènement – comme tout le reste – a pris un sens mystique, presque une personnalité, qui le fait intégrer dans l'histoire de la maison, dans la famille elle-même, par la petite individualité de l'enfant. Perdre celui-ci, ce serait doublement un amoindrissement de la collectivité.

Le nouveau-né encore est venu au monde sous le signe d'une divinité, qui a exprimé sa volonté d'avoir en lui un serviteur qu'il faut déjà respecter.

Enfin, il arrive que la naissance soit une renaissance, c'est-à-dire qu'un enfant mort revienne, ou une reviviscence, c'est-à-dire qu'un défunt se réincarne ; autant de raisons pour que soit protégée l'existence fragile de cet enfant sacré.

Je ne cite qu'un exemple, mais on pourrait parler de la situation des femmes, de celle des serviteurs, de celle des sujets, de celle même des ennemis de guerre, pour lesquelles il existe ainsi des garanties de respect ou de piété, qui trouveront leur origine dans « l'idéalisation » religieuse.

Je n'ai plus le temps de le dire, mais cette idéalisation grandit même ce qui est grand, les rois qui sont des demi-dieux, certains de leurs dignitaires ou de leurs fonctionnaires, comme les veilleurs de nuit, qui sont des êtres surnaturels venant de l'autre côté de la mer.

Cette idéalisation anime aussi les plantes, les rivières, les monts, l'arc-en-ciel, qui deviennent sacrés ; elle élève à la dignité de rites les soins ménagers, les travaux des champs, la chasse, la pêche, la médecine, de sorte que toutes ces choses arrivent à faire partie du patrimoine spirituel de ces populations fortunées, qui ne croient pas à l'envers de notre pauvre humanité et qui, l'imaginant auréolée de beauté ou de puissance supraterrestres, ne connaissent ni nos lassitudes, ni nos désillusions.

Qui oserait prétendre que les différents moyens que je viens d'analyser et qui constituent proprement le mécanisme du fonctionnement hautement moral des institutions, qui oserait prétendre, dis-je, que ces moyens sont l'expression de la sagesse initiale de quelque grand esprit issu de ces races et qui aurait mis en marche ses congénères après les avoir munis d'un système artificiel de rouages psychologiques capables de perdurer à travers les siècles ?

Qui ne penserait, au contraire, que ces lois, parce que lois il y a, viennent de ces populations elles-mêmes, de leur nature, de leur instinct moral, si l'on veut, qu'elles ont reçu de la sagesse, de la puissance incréée ?

Comment expliquer autrement la « force » de la tradition chez ces peuples, et je prends ce mot « force » dans son sens le plus dynamique ? – Comment expliquer cet attachement à ce qui est « prescrit » et qui vient à la fois du désir du bien et de la satisfaction de l'avoir accompli, plaçant ainsi l'âme humaine vis-à-vis des actes de la religion et des actes de la moralité dans la position de l'estomac vis-à-vis des aliments – quand celui-ci remplit sa fonction providentielle de sustenter l'organisme avec la faim qui lui fait rechercher les aliments, le goût qui les lui fait choisir et la satiété qui en fixe la consommation ?

Qualités chrétiennes des noirs convertis

Je voudrais terminer cette conférence par où j'ai commencé, en vous parlant de la bonne terre où a levé la semence de l'Évangile, en vous parlant de nos fidèles, mais avec l'espoir de trouver dans leur vie chrétienne une lumière pour la recherche que j'ai entreprise au sujet des dispositions religieuses des non-civilisés.

Je vais commencer par répondre à une question que vous avez due certainement vous poser : Que valent la Foi, l'Espérance, la Charité des Noirs convertis ? Et vous avez pensé sans doute : ce que valent à la fois leur sincérité et la puissance de la grâce, mais celle-ci limitée par l'étroit champ d'action qu'elle doit trouver dans ces pauvres natures grossièrement déformées par l'idolâtrie et ses vices.

Et comme vous savez que, dans ces pays, quand un mariage se conclut, la dot est versée par le mari lui-même, vous n'êtes pas loin de penser que l'âme primitive n'apporte rien dans sa corbeille au Divin Époux.

Je vais essayer de vous démontrer le contraire en vous faisant connaître quelques-unes des qualités chrétiennes que nos convertis nous ont apportées de leur état primitif et par quoi ils se distinguent des chrétiens actuels d'Europe.

Pas de respect humain

Je cite en première ligne : *leur manque de respect humain.*

Les noirs chrétiens sont fiers, dans toutes les circonstances, de leur religion et n'ont jamais honte de ses pratiques : au Dahomey, par exemple, à Porto-Novo en particulier, la cloche sonne-t-elle l'*Angélus* ? Dans les maisons, on suspend les travaux, on arrête les conversations ou les repas, dans les rues, les catholiques se découvrent, se recueillent, et l'*Angélus* est récité pieusement. Je note que c'est là un spectacle particulièrement édifiant quand l'heure de l'*Angélus* coïncide avec l'entrée ou la sortie des ateliers et des factoreries.

Nos fidèles ne se trouvent jamais embarrassés pour laisser des amis et, se détournant de leur chemin, venir prier à l'église au milieu de la journée…, et dans l'église elle-même on n'aura point honte de faire son chemin de la Croix les bras en croix.

Le plus heureux fruit de cette disposition d'esprit, c'est la propension de nos catholiques à parler de leur religion aux infidèles pour les amener à l'estimer et à s'y convertir. Rien n'est épargné alors, ni les prières, ni les cantiques que l'on chante ou que l'on récite en public, sur le pont d'une pirogue si l'on traverse une voie d'eau, avec la plus parfaite simplicité d'ailleurs et sans la moindre ostentation.

Si l'on cherche à analyser ce manque de respect humain, on s'aperçoit d'abord qu'il ne s'agit point ici d'un « acte de courage ».

Cette attitude vis-à-vis de la profession de sa religion est, pour les indigènes, un état essentiellement normal : ils sont nés, ils ont vécu dans un milieu où, chose admirable, personne n'est non seulement sans religion, mais sans ferveur ; il ne vient donc pas à l'idée que les actes religieux constituent des pratiques exceptionnelles qui vont surprendre. Elles ne pourraient en tout cas, selon eux, faire sourire, encore moins provoquer un certain mépris, car la religion est ce qu'il y a de plus nécessaire à leurs yeux.

Rien ne peut être plus honorable d'ailleurs, que d'entrer en relation avec la divinité, que d'être fidèle aux coutumes des ancêtres qui n'ont pas pu se tromper en une matière aussi grave.

Il faut ajouter pour finir :

1. Que c'est une sorte de nécessité psychologique, pour les primitifs, d'associer le corps à la vie de la pensée et du sentiment ; de là le goût pour les jeûnes, les mortifications, les cérémonies, de là surtout cette spontanéité dans la participation du corps à l'accomplissement public des prières, origine, pour sa part, du manque de respect humain.

2. Que le primitif, qui est fier ou du moins s'amuse d'un accessoire de toilette, une plume dans ses cheveux, un anneau à son bras, une boule de corail à son cou, n'a aucune vanité de sa personne ni physique, ni morale. Je parle de cette puérilité d'esprit qui consiste à tirer avantage de sa voix ou de ses gestes, par exemple, ou d'avoir honte au contraire de quelque imperfection, de quelque infirmité : deux sentiments qui engendrent facilement l'amour-propre et le respect humain – ces deux frères - en pays civilisé.

Confiance dans la prière, reconnaissance

Je voudrais citer ensuite la confiance dans la prière, la reconnaissance dans les cas d'intervention visible de la protection divine. Il est évident qu'en tous les pays du monde les chrétiens ont recours à la prière dans leurs besoins ou dans leurs malheurs et s'empressent de remercier Dieu de les avoir exaucés.

Mais quel est le chrétien – je ne dis pas quel est le saint – quel est le chrétien moyen en Europe qui ne comptera pas, pour obtenir tel ou tel résultat, sur ses propres efforts, sur ses seules lumières, ou bien sur le concours et sur les conseils d'autrui, plutôt que sur sa prière ?

Cela est si vrai que l'existence d'un grand nombre de catholiques contemporains est dédoublée et se partage entre les occupations, les distractions, la vie de famille, qui sont païennes, et certains moments de la journée, certains jours de l'année, où l'on prie, comme le matin et le soir, ou le dimanche, sans qu'il y ait compénétration entre les uns et les autres.

Nos chrétiens n'agissent point ainsi. Ils sont venus à la vraie religion avec cette conviction que l'homme est peu de chose en ce bas monde, où tantôt ses projets sont déjoués, ses espérances s'écroulent ; où tantôt des succès imprévus lui surviennent, des malheurs inévitables ne se produisent pas ; où la justice souffle où elle veut ; où les forces de la nature sont aveugles.

Quelle ne sera pas l'ardeur de la prière du primitif dans ses incertitudes, sa faiblesse – et l'humilité d'une condition qui le place au-dessous des dieux, certes, et des ancêtres, mais aussi de la nature tout entière jusqu'à la plus modeste plante, qui peut, remède ou poison, le guérir ou le tuer ?

Nos chrétiens ont gardé le meilleur de cette confiance et de cette modestie, j'en ai eu souvent la preuve par le succès de leurs prières, qui, bien des fois, leur ont obtenu de véritables miracles, pour lesquels ils viennent nous demander des messes d'actions de grâces, dont le nombre nous surprend et – j'ai honte de le dire – nous trouverait presque incrédules.

Soumission à la volonté de Dieu

Je signalerai enfin leur admirable soumission à la volonté de Dieu, soumission qui n'est point accompagnée seulement de résignation, mais aussi de gratitude. Un exemple appuiera cette assertion beaucoup mieux que des commentaires.

Nous avions dans notre mission un ménage d'une vertu exemplaire. Le mari et la femme appartenaient aux meilleures

familles de la localité et tous les deux avaient par leur profession, une situation distinguée dans notre modeste société. Ils étaient sans enfants. Je ne puis vous dire combien cette stérilité était regardée par eux, en vertu de leur atavisme primitif, comme un très grand malheur. Leurs prières étaient incessantes, leurs communions fréquentes et généreuses leurs aumônes. Dieu les exauça enfin. Ce fut une joie dans la chrétienté tout entière parce qu'ils jouissaient de l'estime générale.
L'enfant mourut en venant au monde.

Je n'eus pas l'occasion de rencontrer le malheureux père dans les jours qui suivirent, et mes occupations ne me permirent pas d'aller immédiatement chez ces pauvres gens. À vrai dire, je redoutais presque cette visite, tellement je les devinais découragés et abîmés dans leur douleur. Ce fut le mari qui vint me voir. Je l'avais connu enfant au catéchisme et à l'école et je l'aimais beaucoup. Ému en le voyant entrer dans mon bureau, je lui dis la part que je prenais à son épreuve. Il me remercia et me dit : « *Je suis venu vous trouver pour vous demander une messe.* » Je pris ma plume pour transcrire son intention sur le cahier des messes.

- *À quelle intention ?* lui demandai-je.

- *Je désire une messe d'actions de grâces*, me répondit-il.

- *D'actions de grâces*, lui dis-je tout déconcerté de cette demande dans de telles circonstances. *Vous avez donc obtenu une faveur ?*

- *Oui*, me répondit-il avec conviction, *ma femme est sortie saine et sauve de la maladie qui a fait mourir notre enfant, et puis, nous sommes dans le malheur ; Dieu nous a certainement visités, autrement que serions-nous devenus avec la tristesse que nous avons éprouvée ? La messe d'actions de grâces que je demande sera pour le remercier. (…)*

Conclusion

Quoique le tableau des qualités primitives chrétiennes qui précède soit très incomplet, j'ose espérer qu'il vous donnera une excellente idée des chrétientés africaines. Mon ambition serait même qu'ayant entendu cette conférence vous ne vous laissiez plus aller à exprimer cet axiome courant : en vérité, il faudra des siècles pour que les Noirs soient de parfaits disciples du Christ.

On ajoute loyalement, d'ailleurs : Il nous les a bien fallu à nous-mêmes, Européens !

Que veut-on dire par là ? Que l'humanité est en marche vers des siècles de foi ? Que notre temps ou les temps modernes représentent pour nos pays le point culminant du développement du christianisme ? Personne ne le croit.

Ne serait-il pas plus vrai d'affirmer que l'on se trouve en face d'un christianisme de plus en plus pur, de plus en plus fervent à mesure que l'on remonte le cours des âges ? A-t-il fallu des siècles aux premiers chrétiens de Rome, qui furent si généreux de leur sang ? Dans l'Ouganda, il y a eu des martyrs parmi des chrétiens qui étaient fils d'infidèles, qui n'avaient pas toujours été des chrétiens eux-mêmes ! Il y en aurait demain dans tous les vicariats apostoliques de l'Afrique noire, s'il était nécessaire de sceller de son sang la profession de sa foi.

Si quelques-uns veulent néanmoins que des siècles soient ici nécessaires, nous commencerons par compter les millénaires que la race noire a passés dans l'attente providentielle, et sans doute dans la préparation inconsciente, mais très certaine, de sa rédemption par une abolition des individualismes, par un dénuement, qui devançaient le renoncement et la pauvreté évangéliques.

Vous avez entendu parler de cet arbre des oasis, qui est aussi l'arbre de nos plaines de l'Afrique Occidentale : LE PALMIER, et vous savez qu'il a été dit de lui qu'il poussait le pied dans l'eau et la tête dans le feu ! Cet arbre n'est-il pas l'image de nos jeunes chrétientés ? Certes, elles ont trouvé la fraîcheur d'une eau bienfaisante dans les nappes souterraines où s'enfoncent les origines de leur race : leur état primitif.

Mais désormais le feu du ciel les embrase, elles portent des fruits qui ne mûrissent que sous les ardeurs de l'Esprit, de la Grâce de Dieu. Et le temps est bien passé où elles étaient des mirages incertains qui fuyaient devant le salut.

UNE TENTATIVE DE RÉGIONALISME AFRICAIN

Tous les ans, pendant l'été, a lieu à Louvain en Belgique une rencontre de missionnaires en congé, sous le titre Semaine de Missiologie de Louvain. Cette rencontre de 1927 est la cinquième du genre et le thème en est « Les élites en pays de mission ». Le père Aupiais qui est rentré du Dahomey à la fin de 1926 y est invité et y traite du régionalisme. Nous parlerions mieux maintenant de connaissance de la culture et d'inculturation. Ce texte est tiré du compte-rendu de cette cinquième Semaine de Missiologie. Cote : 3H28.

On a bien voulu témoigner quelque intérêt à une expérience de régionalisme que j'ai faite au Dahomey. Comme cette tentative se rapporte directement à constituer des élites et indirectement à former un clergé indigène, on me pardonnera d'exposer ici l'histoire, les caractéristiques, les répercussions de ce mouvement en faveur des institutions, des mœurs, de la littérature et de l'art indigènes.

Pour arriver à mettre les choses au point, voici un court aperçu de la situation sociale du catholicisme au Dahomey. En venant s'installer vers 1860 à Ouidah, Agoué et Porto-Novo, les premiers missionnaires trouvèrent dans ces ports du Golfe de Guinée des noyaux de chrétientés formés par des groupes d'esclaves libérés, revenus du Brésil au Dahomey, leur pays d'origine. Ces Noirs étaient remarquablement évolués, ils vivaient à l'européenne (au moins dans le sens lusitano-brésilien), professaient des métiers non indigènes (tailleurs, charpentiers, maçons, bijoutiers, chimistes, etc.), quelques-uns même étaient capables de remplir des emplois très distingués dans les factoreries, ayant reçu une instruction secondaire.

À cause d'eux, les missionnaires furent amenés à établir immédiatement des écoles primaires que fréquentèrent un grand nombre de leurs enfants et peu à peu également les enfants des autochtones.

Ce développement intellectuel coïncida avec la conquête française et contribua à donner à tous ces enfants sortis de l'école une grande supériorité sociale, en raison de leur collaboration à l'administration et au commerce du pays. Un courant d'opinion s'établit vite parmi cette sorte d'aristocratie, grâce auquel nos catholiques témoignèrent un profond dédain à la partie illettrée de la population qui se trouvait en même temps être païenne.

Mais bien plus tard, en ces dernières années, un autre courant d'opinion s'établit aussi parmi quelques représentants de la population autochtone qui commencèrent, à vrai dire surtout par réaction xénophobe, à avoir la fierté de leur origine et du milieu indigène auquel ils appartenaient.

Empêcher le premier courant de continuer, parce qu'il était injuste, canaliser le second, parce que, si légitime qu'il fût, il pouvait être dangereux : telles furent les raisons qui me décidèrent à faire avec des collaborateurs de choix pris dans l'un et l'autre élément une concentration indigène dans un amour commun et une large compréhension de la petite patrie.

Nos moyens d'action seraient :

1. Fonder une revue[9] qui publierait les traditions orales concernant l'histoire des villes et des tribus, les grands chants nationaux (guerriers, religieux, funéraires), des spécimens d'un folklore d'ailleurs abondant, des milliers de proverbes qui condensent en des formules lapidaires l'observation, la morale, l'esprit, la sagesse de ces populations, bref tout ce qui se rapporte à la religion, au droit, à la politesse, aux coutumes, etc.

2. Organiser, à l'occasion des cérémonies religieuses chrétiennes, des fêtes à caractère strictement local par le sujet des pièces ou par les chants, la musique, les costumes et les danses.

---

[9] Note de l'éditeur : (Nous renvoyons ici au rapport du R. P. Guilcher « *Les Associations de jeunesse* » que le lecteur lira plus loin. Il y verra comment est jugée l'œuvre magnifique qu'a réalisée le R. P. Aupiais). Il s'agit ici de la revue : *La Reconnaissance Africaine*.

3. Organiser des expositions qui auraient pour but de faire connaitre au public, même européen, la nette inspiration, la technique certaine des œuvres d'art dahoméen, et par là encourager dans leur art des artistes souvent honteux de leur talent, pourtant si vrai, devant les productions européennes, même celles de bazar.

On se demandera sans doute, et nous l'avons fait : comment concilier cette réhabilitation des institutions avec l'apostolat qui devait les ignorer ou même les condamner dans l'ensemble ?

On décida par précaution, de publier la revue en français pour que des artistes en matière fétichiste ne missent pas à la torture les esprits simplistes des catéchumènes de la campagne ; d'autre part, il paraissait à peu près certain que les lecteurs comprenant le français ne seraient pas troublés dans leurs nouvelles croyances parce que ces artistes, par leurs révélations, enlevaient au fétichisme le grand prestige de son ésotérisme.

On pouvait craindre davantage que les indigènes fussent un peu déconcertés de constater cette admiration subite pour tout ce qui les concernait et qu'ils flairassent un piège : le projet machiavélique de ne les flatter et de n'exalter leurs institutions que pour les mieux abaisser eux-mêmes, en les maintenant dans un état éloigné de l'état européen, le seul qui était parfait, du moins le prétendait-on depuis longtemps.

Mais ces deux objections tombaient facilement : la première du fait que l'on se servait, pour les fêtes mêmes du catholicisme, de la langue, de la musique indigènes ; la deuxième, du fait que les missionnaires avaient ouvert assez d'écoles au Dahomey pour prouver qu'ils ne se refusaient pas à l'élévation sociale des Noirs.

Des inconvénients eussent pu exister, ils auraient été largement compensés par les nombreux avantages qui découlaient de cet épanouissement du régionalisme.

Il y a dans ce pays des jeunes gens qui sont certainement destinés à jouer sous peu un rôle politique. Mais leur plume n'est pas prête, leur éducation civique n'est pas au point, le moment d'une action de ce genre est inopportune. La rédaction des articles de la revue régionaliste va mûrir ces talents, élargir ces esprits, calmer leur impatience d'agir et sans doute de paraitre, enfin les accréditer aux yeux de leur futur public.

Ce régionalisme, organisé à la mission catholique, dissipera toute équivoque au sujet de nos intentions vis-à-vis des coutumes du pays, et les chefs n'ont point manqué en effet de saisir le sens et le prix de telles manifestations qui contribueraient sans doute, à arrêter cette débâcle des institutions du pays auxquelles l'arrivée des Blancs semble avoir porté une atteinte mortelle.

Quelle libération pour les foules animistes qui peuvent croire désormais que leur infériorité n'était pas définitive et que l'on pouvait avoir de l'intelligence, de la moralité, sans être un européen ou un assimilé européen, et pour elles encore quel attrait de plus pour le christianisme ! Notre régionalisme a rendu aux coloniaux qui n'ont pas manqué d'en suivre les manifestations, le grand service de leur faire connaître dans leur vrai jour des populations qu'ils ignoraient totalement, et dans lesquelles ils ont été heureux de retrouver une humanité bien proche de la leur, à laquelle du moins ils pouvaient donner une cote, à la faveur de leur sens de l'histoire et des notions qu'ils pouvaient avoir de ce qu'étaient les peuples de l'Europe, au début de l'ère chrétienne.

L'administration française, qui tâtonne à travers le dédale des us et coutumes indigènes qu'elle est obligée de faire respecter, ne pouvait recevoir que de la lumière d'articles documentaires, échos de la tradition des anciens relatifs à la propriété, aux achats, aux ventes, aux dettes, aux mariages, à la criminalité, etc.

Notre mouvement a eu même en France une répercussion inattendue dans les milieux scientifiques d'ethnologie et d'anthropologie, où notre documentation a été si appréciée que des savants dignes de ce nom, ont proclamé que nos méthodes d'investigation étaient les plus rationnelles et seraient les plus fécondes, parce qu'elles consistaient à faire étudier les institutions indigènes par les indigènes eux-mêmes.

Du point de vue de l'apostolat, on peut se demander s'il est opportun de se mettre ainsi en coquetterie avec des mœurs païennes (j'emploie ce mot de païen par convention, car il est impropre, quand il s'agit des Noirs animistes, dont la religion principale est le culte des ancêtres.) et s'il n'y a pas là une diplomatie trop habile qui risque de se retourner contre ceux-là mêmes qui la pratiquent. Non.

Mais à une condition, à la condition que l'on soit sévère, c'est-à-dire que l'on soit persuadé, et nous le sommes, que les Noirs ont une vie religieuse, sociale, intellectuelle, morale qui est très belle, vie qu'on appellerait civilisation noire, si les Africains avaient été moins décimés, moins ravalés par la traite, s'ils avaient pu constituer une grande nation homogène, ce que n'a pas permis la diversité des langues.

Puisque le mot civilisation est impropre, contentons-nous de l'expression : *état humain à caractère primitif*, qui se distingue par deux éléments principaux : une grande perfection *naturelle* qui est faite d'une forte constitution religieuse, d'un grand respect de l'autorité et d'un sens moral profond et délicat, un intellectualisme populaire incontestable par lequel ces peuplades, sans corps sociaux correspondant à nos élites intellectuelles d'Europe, ont amassé et conservé des trésors de littérature orale.

Cette sincérité doit exclure de son vocabulaire le mot sauvage, même le mot « *nègre* » qui a un sens péjoratif ; elle doit nous porter à voir Dieu plutôt que le démon dans cette partie du monde créé ; elle doit nous porter à croire, que, les Noirs étant appelés au salut comme tous les hommes, il est nécessaire que la prédication de l'Évangile trouve leur cœur assez pur, leur intelligence assez bien conservée pour qu'ils soient la bonne terre où la semence puisse germer et porter des fruits. Ces hommes sont déchus comme tous les autres, ils ne sont pas encore sauvés, mais ils se trouvent *dans un état providentiel d'attente du salut.*

Après ces réflexions, il semble que nous pouvons aborder le sujet du clergé indigène et montrer les rapports très étroits qui doivent lier son existence au développement du régionalisme ou inversement lier le développement du régionalisme à son existence.

Dans quelle population d'Europe et à quelle époque le clergé n'est-il ou n'a-t-il pas été, en effet, le reflet le plus exact, l'animateur le plus sincère de l'âme profonde des peuples, de telle sorte que, dans des circonstances ordinaires, sans parler des temps de trouble, un prêtre ne peut faire à une paroisse tout le bien qu'il voudrait, celui qu'on attend de lui, si une différence le sépare de son troupeau. Je ne donne pas d'exemple, c'est superflu.

Remarquons encore, qu'en France par exemple, le régionalisme provençal, le breton, le basque comptent les prêtres pour leurs plus fervents protagonistes.

Je ne vous surprendrai pas en vous confiant que je m'adressai à nos deux grands séminaristes pour constituer ma petite équipe de rédacteurs de la revue : *La Reconnaissance Africaine*.

Je constatai alors que ces jeunes gens professaient le plus grand dédain pour tout ce qui était païen de près ou de loin, et qu'ils étaient complètement ignorants des choses et des gens de leur pays qui ne relevaient pas du milieu européanisé.

À leur sujet, je me permets de demander : n'y a-t-il pas un grave malentendu dans cette question du clergé indigène ? Je veux dire : sera-t-il suffisant pour que nous ayons des prêtres noirs, que nous recrutions parmi des hommes de couleur les missionnaires de l'avenir pour l'Afrique ? Si ces ministres du Seigneur n'ont de commun que la teinte de leur épiderme avec les populations qu'ils ont à évangéliser, constitueront-ils un clergé vraiment indigène, capable de comprendre et de sentir, de parler et d'agir, de croire et de prier, comme le peuple africain lui-même ?

Personne ne le croit ; pour ma part, je suis persuadé qu'un prêtre européen parlant bien une langue indigène, comprenant la mentalité de ses paroissiens, ayant étudié l'histoire et les mœurs de la tribu à laquelle ils appartiennent, pourra être plus « clergé indigène » que le prêtre noir éloigné comme d'une contagion, de tout ce qui est de son pays.

Le rôle du régionaliste apparaît ici dans toute sa lumière et son efficacité, car lui seul est capable de réintégrer ces jeunes prêtres dans leur race, au sortir du séminaire, le lendemain de leur ordination.

Par le régionalisme, ils seront conduits à apprécier la littérature orale de leur pays, à pratiquer et d'une manière excellente les divers genres littéraires qui la caractérisent, l'art en particulier d'être disert, voire éloquent dans un pays où l'habileté dans le discours est si courante. Ils ne négligeront point la linguistique qui leur rendra les plus grands services pour les traductions. Ils se mettront aussi en marche pour le long chemin des découvertes historiques, religieuses, sociales, morales du passé et du présent de la tribu, de son existence matérielle, politique, spirituelle.

Mais tout ceci ne constitue que le « corps » dans le régionalisme auquel je les convie ; il faudra qu'ils atteignent son « âme », grâce à quoi ils redeviendront les fils de leurs pères, ils pourront retrouver les qualités générales et la mentalité particulière de l'admirable race noire.

Je vais ici donner quelques exemples de ces vertus et de ces conceptions dans un exposé qui mériterait d'être plus fouillé, plus étendu que ne sera celui-ci.

Il faudra qu'ils reprennent cette réserve, cette dignité, cette gravité même qui est si répandue parmi les hommes de race primitive et dans laquelle il rentre pour une part, le sérieux naturel de l'esprit, pour une autre part, le recueillement habituel de l'âme (les exercices et prières sont nombreux dans la journée d'un animiste) et pour une troisième part le sentiment d'avoir chaque jour une destinée sacrée à accomplir au nom de la divinité qu'ils représentent et de l'ancêtre qu'ils réincarnent.

Ils se dépouilleront donc de cette légèreté, de ce laisser-aller, de cette vulgarité dont ils ont pris l'habitude dans les moments de détente de leur vie d'étude, dans la vie en commun avec des camarades du même âge, et probablement, au contact des Blancs qui les élèvent et qui, s'ils ne sont pas retenus par le cadre des cérémonies et des costumes, sont facilement vulgaires ou familiers sous prétexte de simplicité ou de pauvreté.

Tout cela sera difficile, parce que, trop souvent, on leur a fait prendre pour de la paresse ou de l'orgueil ce sentiment de « respectabilité » qu'ils éprouvaient fortement et qu'ils étaient obligés de refouler, pour ne point donner une mauvaise idée d'eux-mêmes. Ils ne devront plus avoir de ces précipitations dans les décisions qui sont l'expression de l'impulsivité individualiste ou de l'amour-propre chez les européens – ce qui les déconsidère beaucoup aux yeux des indigènes – car tandis que les Blancs reviennent souvent sur ce qu'ils ont dit, les Noirs, ayant délibéré longuement avant d'agir, ne changent jamais par exemple un lieu ou une heure de rendez-vous.

Ils ne devront plus avoir de ces impatiences, de ces colères si européennes qui troublent l'entendement comme l'ivresse ou la folie, et font perdre sa dignité à l'homme qui, en proie à ce réflexe, se livre à des cris ridicules ou à des gestes désordonnés, troublant ainsi le calme de son âme et la paix de ceux qui l'entourent, les encombrant injustement de sa personnalité.

Ils chercheront à reprendre la logique indigène qui est faite de toute la sagesse des primitifs, par laquelle ils sont portés à la confiance, évitant ainsi de prêter des mauvaises intentions au prochain et ne supportant pas qu'on leur en prête ; au pardon, comprenant que les coupables ne sont qu'en partie responsables de leurs fautes imputables aux pièges des mauvais esprits.

Et l'on pourrait garder de tous les usages, si délicats pour la plupart, qui se rapportent aux condoléances, aux félicitations, aux visites, aux souhaits, aux salutations qui ne sont point qu'un vain formalisme, mais qui expriment sinon la cordialité, du moins la sincérité, la simplicité des primitifs.

Ce qui précède concerne surtout les rapports sociaux pour lesquels on comprend facilement que le prêtre indigène aura besoin de réappartenir à son milieu, et qu'il y sera puissamment rivé par le souci régionaliste de tenir pour respectables, de regarder comme fondés, de croire nécessaires, des usages ou des manières de parler qui sont de son pays.

Mais le régionalisme peut-il introduire ces bons effets dans la vie religieuse du prêtre indigène, dans son ministère, dans son enseignement ? Nul doute.

Il ne sera pas mauvais qu'il n'ait point notre piété européenne. Et voici ce que je veux dire : nous sommes laïcs d'une manière effroyable devant ces animistes, convertis ou non. Nous nous accommodons de ce que nos chefs politiques ne soient pas en même temps des chefs religieux ; nous avons laïcisé des professions comme celles de médecin, qui est un art sacré pour les indigènes ; nous avons laïcisé la nature entière, la foudre qui est de l'électricité, les ténèbres de certains jours qui sont des éclipses ; nous avons laïcisé nos mérites que nous nous attribuons, nos fautes et nos malheurs que nous imputons à notre prochain ;

laïcisé encore notre vie extérieure qui, excepté à l'église, ne donne lieu à aucune prière au travail, dans la rue ou en voyage ; nous délibérons sur toute chose sans prières, nous demandons à nos seuls efforts toutes sortes de résultats. Nous ne savons pas rendre grâce…, si nous savons encore demander des faveurs.

Puis l'agitation constante de notre vie, que nous menons au lieu que nous la confiions davantage à la Divinité, remplit notre esprit de pensées étrangères à notre prière.

Enfin l'âme primitive aime les symboles, recherche ingénument les sacramentaux, les bénédictions, les médailles, les statues ; quel accueil fera parfois le prêtre européen à ces besoins spirituels en dépit des apparences ? Sous prétexte d'orthodoxie, il les dédaignera comme des restes de paganisme, tandis que le prêtre indigène n'aura qu'à sonder son propre cœur, pour reconnaitre si ces manifestations sont pures de tout alliage et si elles sont vraiment dignes de Dieu ; du moins, s'il peut arriver à perdre les préjugés de ce rationalisme pratique qu'il a reçu de sa formation européenne et qui se cache sous les mots : Esprit et Vérité.

L'étude des mœurs de son pays, qui sera faite d'observations vécues, apprendra aussi au prêtre noir comment il faut conduire ses frères qui proviennent d'une religion où le grand levier moral est la crainte, crainte du châtiment rapide, inévitable et ostensible, qui frappe, le plus souvent les coupables par des maladies ou la mort.

Un prêtre noir, tel que celui dont nous parlons, aura-t-il notre laxisme sacramentel, notre indulgence vis-à-vis du jeûne et des mortifications ? Ou plutôt ne sera-t-il pas porté à puiser dans l'arsenal des punitions extérieures de la primitive Église et du moyen-âge des sentences réprobatrices, des interdits, des punitions corporelles, pour l'application desquelles, nous, Européens, manquons de perspicacité encore plus que de courage, quand nous ne les regardons pas comme indignes de notre ministère ?

Je pourrais multiplier ces exemples et vous parler des heureuses interventions que pourrait produire un état d'âme indigène, de tendance collective, dans l'organisation des associations chrétiennes comme les confréries ; ou bien vous parler de l'incompréhension totale que nous avons de la famille à laquelle nous donnons obligatoirement l'aspect du droit romain (qui n'est que l'enfance de l'art pour les rouages compliqués de la famille indigène), incompréhension qui nous expose à marier sans hésitation un homme et une femme qui, tout en étant cousins selon notre droit, sont autant frère et sœur selon la coutume indigène, que ne le sont pour nous des frères et sœurs de sang : d'où scandale d'une portée malheureuse incalculable.

Je pourrais encore vous entretenir de toutes les richesses que perd l'Église du Christ quand sont étouffés par une européanisation systématique tant de sentiments particuliers qui seraient un diadème de plus à la magnifique couronne de l'Église universelle, comme l'ont été à travers les âges, les rites si riches de symbolisme, des peuples ardemment chrétiens, profondément « eux-mêmes » de l'Asie et du midi de l'Europe. Je m'arrête, me permettant pour finir d'exprimer à la Semaine de Missiologie de Louvain au nom des missionnaires lointains de toutes les parties du monde la reconnaissance profonde que nous lui devons pour la lumière qu'elle projette non point seulement sur nos résultats, mais aussi, mais surtout, sur notre action, qui reçoit d'elle plus de cohésion, plus de fermeté, plus d'étendue dans une meilleure adaptation des moyens à la fin. Grâce à elle, nous avons l'espoir que se dissiperont toutes les ténèbres, celles qui sont au-delà des mers, celles qui sont en-deçà... et que nous ferons régner au loin la Vérité et, près de nous, la sainte doctrine.

Et maintenant, comme les mages, nous partirons guidés par une étoile. Cette étoile, nous pouvons déjà deviner son étape finale. Elle s'arrêtera au-dessus d'une modeste cabane, la case indigène de tous les pays de mission, et nous montrant entre les bras d'une jeune femme primitive à l'âme droite et pure un enfant noir, futur prêtre, et fils de l'attente millénaire du Messie, elle nous dira : le Sauveur de demain, le voilà !

LE CÉRÉMONIALISME RELIGIEUX
AU DAHOMEY

Cette conférence fut prononcée au 15° Congrès international d'Anthropologie et d'Archéologie Préhistorique, qui s'est tenu à Paris du 20 au 27 septembre 1931. Elle sert d'introduction à la projection de rushes de son film ethnographique tourné l'année précédente. Ce texte est tiré des Actes de ce Congrès[10].

Je vous demande la permission, Messieurs, de dire aussi brièvement que possible par quoi se caractérisent les documents qui vont être mis sous vos yeux.

Il n'est que trop certain que les Religions Africaines dites fétichistes non seulement sont ignorées parce qu'elles se cachent derrière un ésotérisme farouche, mais encore sont incomprises parce qu'elles sont éloignées des mentalités de ceux qui les étudient.

Il est également certain que ces religions ont une vie intense que l'on devine plutôt qu'on la connaît, et qui mériterait d'être étudiée comme on l'a fait pour les cultes de tant d'autres peuples : les Grecs, les Latins, les Chinois, les Hindous, etc.

Mais comment s'y prendre pour aborder, par le commencement, l'étude des Religions Africaines ?

Il nous a paru que l'on devait recourir, pour ce travail à la méthode de la Géographie humaine, c'est-à-dire, que l'on partirait de ce postulat : s'il est vrai que les Religions sont une réalité, comme la terre en est une pour les Géographes Humains et que cette vérité a marqué d'une forte empreinte les hommes qui en

---

[10] In Institut International d'Anthropologie, Session de Paris, 1931 – Cinquième section, p. 776-780. On trouve des commentaires du père pour la présentation de son film ethnographie dans la revue Antropos

vivent, comme le fait la terre, suivant les conditions du sol, du climat, de la végétation, etc. auxquelles elle soumet l'être humain, il n'est pas moins vrai qu'en face de la religion, les hommes comme ils l'ont fait pour le sol de leurs plaines ou de leurs montagnes, se sont portés spontanément à des adaptations, à des manifestations d'activité, à des transformations adventices qui doivent constituer un beau terrain d'études.

La géographie humaine fait consister l'étude des hommes dans l'observation de leur habitation, de leurs procédés de culture, de leurs instruments de travail, de leurs réactions devant les nécessités de la vie. L'étude des religions pourra aussi comprendre l'observation de l'activité à la fois spirituelle et matérielle des hommes dans leur prise de possession des cultes qu'ils ont hérités de leurs ancêtres.

C'est ainsi que nous avons été conduits à nous occuper de cette partie du magnifique édifice que constitue une religion : le cérémonialisme, qui n'en est que le portique.

Le cérémonialisme revêt, en pays africain, des formes multiples et inattendues dont les six milliers de mètres de film, que nous venons de rapporter du Dahomey, ne donnent qu'une idée très incomplète.

Le cérémonialisme en Afrique s'empare de la nature entière qu'il met au service de la divinité : la végétation, les animaux, les éléments, les hommes eux-mêmes ; par exemple, des racines, des écorces, des fruits, des légumes, il fait des poudres, des cendres, des macérations mystérieuses, etc. des animaux, il fait des victimes dont il règle le choix, le mode, le lieu, les instruments d'immolation, dont il consomme, d'une manière mystique des parties de choix, dont il emploie le sang à des purifications, à des ablutions.

Des éléments, il fait les feux vengeurs des outrages à la divinité, les eaux lustrales spéciales à chaque cérémonie.

Le cérémonialisme s'ingénue encore à transformer les costumes auxquels il veut donner un usage nouveau par la beauté ou l'étrangeté de leur décoration. Il utilise les attitudes humaines, celles de l'hiératisme imposant, celles des émouvantes prostrations, celles des pieuses onctions.

La richesse d'une musique, l'élévation d'une poésie qui n'ont été étudiées ni l'une ni l'autre, donnent des ailes à ce cérémonialisme en le complétant par des chants et des prières remarquables.

Quand on étudie les choses africaines, on ne tarde pas à s'apercevoir que le cérémonialisme n'est point réservé à la religion et qu'il relève de la tendance générale de ces populations au symbolisme et à la décoration, tendance qui se manifeste dans les métaphores du langage aussi bien que dans les riches productions de l'art populaire.

On s'aperçoit que l'ésotérisme de ces religions n'est qu'un aspect de ce cérémonialisme qui correspond à la nécessité où se trouvent, hélas, les hommes d'entretenir par le mystère leur vénération pour la divinité.

On s'aperçoit que c'est enfin du cérémonialisme, de prêter une origine en partie animale aux dynasties ou aux races comme au Dahomey, où la race royale est dite issue d'une panthère et d'une femme de race Fon. On donne aussi une origine merveilleuse à l'un des ancêtres pour l'élever au-dessus de l'humanité courante, pour le transhumaniser d'une certaine manière, sans cesser de croire qu'il fut un homme.

Il ne faudrait pas croire que le cérémonialisme est toute la religion et qu'il en a créé le spiritualisme. Il en procède et le décèle.

Ce n'est pas à force d'entendre avec crainte la voix du tonnerre, que l'on a cru à la divinité du tonnerre. Les hommes paraissent avoir cru fortement dès le début, à la divinité, et c'est quand il a fallu lui donner une voix qu'on a pensé au tonnerre ; quand il a fallu lui trouver une demeure, qu'on lui a assigné les forêts impénétrables, les grottes inaccessibles ; quand il a fallu qu'on la sentît près de soi, qu'on l'a fait résider dans les sources, les pierres, les arbres.

Je m'excuse de faire en si peu de mots un exposé qui aurait gagné en clarté à être développé longuement. Je serai encore plus bref pour terminer.

On peut conclure d'une étude qui a été entreprise ici au moyen du procédé nouveau du cinématographe pour l'observation des cérémonies africaines :

1. Que c'est par le cérémonialisme que l'on donnera un âge aux religions et que l'on distinguera entre les éléments cultuels, ceux qui sont essentiels, ceux qui sont accidentels, ceux qui sont anciens, ceux qui sont récents, ceux qui sont originels, ceux qui sont empruntés.

2. Qu'un certain développement de la liturgie a été conditionné dans la plupart des peuples par la situation militaire, la richesse de ces peuples et par l'influence du pouvoir des rois.

3. Que l'étude du cérémonialisme par le film pourra aider aux travaux de l'histoire au moins autant que la linguistique, en révélant par la similitude des liturgies, les contacts des races entre elles ou leurs origines communes dans le lointain passé.

4. Que l'étude du cérémonialisme aidera à comprendre l'iconographie ancienne, v. g. celle de l'Égypte. Nous avons filmé en effet, au Dahomey, au cours des cérémonies funéraires en l'honneur des ancêtres, des danses qui avaient pour but de mimer les actes de la vie domestique, de la vie artisanale, de la vie rustique, danses qui ont dû exister en Égypte et précéder les peintures si exactes de l'intérieur des sarcophages.

5. Que l'étude du cérémonialisme africain éclairera l'histoire religieuse de l'Antiquité classique elle-même.

Je me rappelle que, me trouvant un jour au pays des Sombas (qui vivent à un état de nudité presque complète) et que voyant s'avancer au pied d'une montagne rocheuse un groupe de ces hommes qui se rendaient vers un autel de pierre, par une sorte d'escalier naturel, pour y accomplir un sacrifice, j'ai osé penser que des cérémonies de ce genre, dans des lieux identiques, et transmises de génération en génération depuis les temps les plus reculés avaient peut-être donné naissance en Attique, aux Propylées de l'Acropole.

Pour nous missionnaires, nous nous servirons de l'étude du cérémonialisme africain pour mieux apprécier les capacités religieuses du noir, qui sont incontestables, et dont la présente séance a pour but de nous donner la preuve.

PERSPECTIVES D'AVENIR SELON LA PSYCHOLOGIE RELIGIEUSE AFRICAINE

Cette conférence fait partie d'un ensemble de cours : à la fin de celle-ci, il annonce : « nous parlerons vendredi prochain … ». Elle fut sans doute donnée à des jeunes de Lyon le 17. 01. 1943, en nous référant au journal d'Aupiais : à cette date, il fait allusion au massacre commis par les Allemands de quelques centaines de prisonniers tirailleurs sénégalais en Juin 1940 à Chasselay dans le Rhône.
Cote aux Archives des Missions Africaines à Rome : 3H22.

Madame, Mesdemoiselles, Messieurs,

C'est la grâce et son heure qui conditionnent le moment, la qualité, la quantité des Conversions. La part des Missionnaires vient ensuite. Elle dépend de leur nombre, de leurs moyens d'action, de l'influence qu'ils peuvent tenir et de la Nation colonisatrice, etc., sans parler de leur esprit surnaturel, de leurs sacrifices, des prières qui sont faites pour eux.

Mais peut-on omettre de mentionner les dispositions, même naturelles, des futurs convertis à recevoir la Bonne Nouvelle ? C'est ainsi que des Continents, des Peuples, des Tribus donnent plus que d'autres, non seulement des gages, mais des certitudes pratiques de conversion. N'est-ce pas significatif v. g. que l'Afrique fournisse à elle seule en certaines années près de la moitié du contingent des Néophytes du Monde entier. Et la qualité de ces nouveaux chrétiens est telle que les vocations sacerdotales et religieuses éclosent et se multiplient sans attendre la consécration des générations, c'est-à-dire du temps.

Je vais avoir l'audace de me demander devant vous si les Religions, ou plus exactement, si les mentalités religieuses africaines préparent, facilitent la conversion. Si je parle d'audace, c'est que sous ces grands mots de Religion, de mentalités se cache une réalité bien décevante si l'on en croit les voyageurs qui ont parlé d'elle, de ses prêtres-sorciers, de ses adorateurs stupides, des aberrations des uns, des hypocrisies des autres : le Fétichisme. Les Missionnaires eux-mêmes n'ont pu être bienveillants pour le Fétichisme qu'ils ont trouvé devant eux leur barrant avec acharnement et parfois avec cruauté la route qui les conduisait à la conquête des âmes.

Rappelons-nous cependant que l'étude du Fétichisme sous le nom de Religions Primitives, a la plus grande importance apologétique depuis que la science athée de la sociologie s'est emparée, à son profit, des constatations sur la constitution intime de ces Religions pour en faire une arme de guerre contre le christianisme.

Les causes d'étonnement ne manquent pas pour le colonial qui débarque en A.O.F. pour la première fois. Car ni les conférences qu'il a entendues dans la métropole, ni les lectures qu'il a faites, ni les conversations qu'il a eues avec ses copassagers du Bord ne l'ont tout à fait préparé aux chocs qu'il reçoit des nouvelles réalités qui l'entourent, qui le submergent, pourrait-on dire.

Ce qui frappe le plus le jeune missionnaire qui débute dans la carrière apostolique c'est de constater :

1. la qualité du christianisme de ses Néophytes

2. la vie intense du Fétichisme

On pourrait s'attendre à ce que je dresse ici la liste des Divinités qui peuplent l'Olympe de ces Pays. Cette nomenclature même accompagnée de descriptions minutieuses ne correspondrait pas à notre étude qui est d'établir non les origines, les attributs des Fétiches, mais les sentiments qu'ils inspirent, les actes culturels qu'ils provoquent.

Je prendrai mes exemples exclusivement dans le fétichisme du Dahomey où j'ai vécu près de 25 ans et où j'ai eu la chance de remplir une mission de documentation[11] sous les auspices d'un généreux Mécène : Mr. Albert Kahn et avec la

---

[11] Mission cinématographique qui se déroula pendant le 1er semestre de 1930.

collaboration d'un cinéaste aussi consciencieux que capable, M. Frédéric Gadmer.

Passons en revue d'abord les lieux du culte. Au Dahomey, on ne peut guère sortir, le matin, sans remarquer sur les chemins de la campagne, ou même sur les routes européennes, ces objets informes, d'ailleurs peu volumineux : paquets enveloppés de linges maculés, mottes d'argile plus ou moins modelées et ornées de cauris et de plumes, ce sont des offrandes qui ont suivi de laborieuses consultations des devins et qui ont pour objet – chacune dans son espèce et il y en a des centaines – de conjurer le mauvais sort ou de remercier la divinité d'un présage favorable. Ces offrandes ont été placées là pendant la nuit dans le trouble de la crainte ou l'émotion de la joie. Peu à peu les passants les écarteront du chemin. Sur les bords des sentiers, on verra, presque au ras du sol, de petits auvents qui abritent un buste grossièrement ébauché devant lequel gisent pêle-mêle des cauris, des bouteilles de Gin, des fruits, des céréales, qui sont le témoignage des prières qui ont été faites ici pour demander une faveur ou pour préserver d'un maléfice.

En bordure du chemin encore, se présente une enceinte spacieuse balayée avec soin, entourée d'euphorbes, plante sacrée. Devant cet enclos, à l'extrémité d'un pieu à trois branches, repose une jarre pleine d'une eau consacrée dont les passants boiront pour se tenir en contact avec la Divinité. À l'intérieur, un amas informe d'argile recouvert d'un linge blanc bien propre représente la Divinité ; comme ailleurs ce sera une simple pierre : latérite, granit, grès qui sera le siège du Vodun[12].

En retrait du chemin, enfin, des bosquets, de véritables futaies portant le fanion blanc de la consécration, ce sont des bois sacrés ou seuls pénètrent les Prêtres en certains jours de grandes cérémonies. Des réserves sacrées existent aussi dans les halliers épais qui bordent les lagunes. Mais les auvents, les bustes se multiplient à mesure que vous vous rapprochez des villages, des maisons particulières et surtout des couvents.

---

[12] Vodun : en langue fon ou gun du Bénin méridional, nom générique pour désigner le culte familial des ancêtres ; en langue yoruba, le terme correspondant est orisha.

Ce sont de multiples autels : poteries renversées, sur le fond desquelles on dépose des offrandes, on procède à des immolations ; Assens, pour le culte des Ancêtres (un Assen[13] est une tige métallique surmontée d'une surface ronde qui est un autel). À la porte des maisons, à l'intérieur des cours, des chaînes protectrices contre la mort, des monuments aux ancêtres, des bustes de Lêgba[14], des jarres d'eau lustrale indiquent autant de lieux de prières individuelles ou familiales.

Au milieu du village, de grandes places apparaissent. Ce sont les endroits réservés aux manifestations religieuses collectives pour les grandes festivités : par exemple les épreuves qui terminent le stage au Couvent des futurs féticheurs, des futures féticheuses ou de leurs auxiliaires. Ces places sont ordinairement plantées d'arbres imposants, vestiges de la forêt primitive qui attestent l'antiquité de ces lieux sacrés.

Une simple remarque en passant : bien des raisons expliquent qu'il y ait si peu de temples en Afrique fétichistes : manque de matériaux solides, absence d'architectes. Mais était-il besoin de vastes constructions religieuses dans ces pays où le soleil resplendissant, une végétation luxuriante, suffisent à constituer un admirable cadre aux Cérémonies.

Il faut mentionner enfin, en bordure de ces vastes places, des demeures d'apparence pauvre et sévère, entourées de clôtures vives ou de palissades. Ce sont les couvents de la divinité de l'endroit où sont enfermés pour 3 ans les jeunes gens, les jeunes filles, qui se croient appelés au service immédiat du fétiche ou qui sont désignés à cet effet par des moyens qui vont de l'exaltation à la catalepsie.

---

[13] Assen : objet en métal en forme de parapluie, représentant les ancêtres, et déposés sur l'autel familial. (cf. P. Saulnier, op. cit. p. 102)
[14] Lêgba : vodun protecteur et contestataire (cf. Pierre Saulnier, « *Vodun et Destinée humaine* », Ed. Sma 2009, p. 200).

Les personnes dans le fétichisme :
Cérémonies familiales

Où va donc cet homme, presque endimanché, sans charge sur la tête, mais portant à la main un poulet vivant ou traînant un cabri ? Au marché ? Non, chez un parent ? Un ami ? Pas davantage. Un oracle de la divination consulté à propos d'un accident, d'une maladie, d'une infortune quelconque de la vie de famille, lui a dit d'aller offrir un sacrifice à telle divinité des champs, des bois, de la rivière et il se rend recueilli et confiant auprès du Prêtre de cette divinité.

Quel est ce groupe de 3 ou 4 hommes qui marchent d'un pas diligent, ils sont silencieux, graves, presque menaçants. Où vont-ils ? Régler un litige, préparer une vendetta ? NON. C'est le féticheur idoine, accompagné de ses aides, qui se rend dans une famille procéder à l'épreuve du poison pour découvrir un coupable et, du même coup, sauver un innocent, en tout état de cause, remettre entre les mains de la Divinité des soupçons qui pourraient être injustes, des preuves qui pourraient être fausses.

Quelles sont ces jeunes filles, étrangement accoutrées, qui marchent à la file indienne, les yeux baissés, un doigt sur les lèvres, le visage passé au rouge, ou au bleu indigo, ou au kaolin, et exprimant un mélange de recueillement et de terreur ? Ce sont des internes de couvent qui vont de maison en maison solliciter une aumône pour le couvent auquel elles appartiennent.

Mais comment dépeindre ou même simplement énumérer les cérémonies domestiques qui sont faites par le Chef de la famille ou par la Prêtresse de la maison, vieille Tante veuve et sans enfants, devant l'autel des ancêtres, devant celui de l'esprit mauvais, devant les autels des enfants nés infirmes, et qu'on a fait disparaître pour en faire des témoins du passage de la divinité, etc., etc. : libations d'eau, onctions d'huile, offrande de noix de kolas, immolation de poulets, génuflexions, prostrations, baisements de la terre, invocations, prières, c'est un rituel compliqué et invariable, matériel et spirituel, qui s'accomplit avec une solennité qui déconcerte dans la simplicité du décor.

Parmi ces Cérémonies domestiques, il faut signaler celles qui ont lieu à la naissance d'un enfant quand il faut lui donner un nom, cérémonie qui dure près d'une demi-heure, qui est présidée par une Tante et qui est une sorte d'initiation à la vie alimentaire de la Tribu et où l'on voit apparaître pour la 1ère fois dans l'existence d'un homme l'obligation d'observer 4 ou 5 défenses se rapportant à la nourriture et qui seront observées par la maman jusqu'à ce que l'enfant ait atteint l'âge de 6 ou 7 ans.

Autre cérémonie familiale encore plus importante et plus mystérieuse quand la jeune Mère sera autorisée à faire sa première sortie pour aller enfouir dans un sillon du champ voisin les cendres du bois qui a servi à faire du feu dans sa chambre, tout le temps de sa délivrance, et les feuilles médicinales qui ont été employées pour préparer les bains de l'enfant ou des tisanes pour elle-même.

Cérémonie presque publique de l'initiation des enfants aux travaux des champs : labourer, fumer, ensemencer, monter au palmier, cérémonie qui peut durer une matinée si elle est suivie de l'octroi de la tablette de la divination, tablette qui est le grand talisman de l'enfant et qui l'accompagne partout et toujours jusque dans la tombe.

Et que dire des Cérémonies qui ont lieu dans les familles quand on consulte les divinités, les ancêtres à l'occasion des fiançailles, du mariage d'un jeune homme, cérémonies simples et pieuses auxquelles personne n'est mêlé que les membres de la famille, qui ont pour objet d'intégrer spirituellement la future épouse à la famille totale, c'est-à-dire celle qui est constituée par les vivants et par les morts, qui ont pour but encore de savoir si les jeunes gens sont faits pour s'entendre, s'ils auront des enfants, si ces enfants seront dignes des générations qui les ont précédés.

Et il s'agit si bien de Cérémonies religieuses dans cette circonstance qu'aux différentes naissances, la première question qui sera posée sera celle de savoir par quelle divinité a été envoyé cet enfant et on le lui consacrera par des prescriptions ou des défenses qui le lieront à son culte, par une allusion à cette divinité dans l'un des noms que l'enfant portera, par l'obligation qu'il aura à l'âge d'homme de servir son temple, ses prêtres ou de se consacrer lui-même à son service dans l'un de ses couvents.

Enfin, je mentionnerai les Cérémonies familiales, qui se rapportent au culte des ancêtres et dont le point culminant est la vénération, j'allais dire l'adoration des crânes des défunts de la famille que l'on conserve précieusement de génération en génération. Un Européen doit faire une certaine violence à sa pensée pour élever au rang de religion le culte de ceux qui sont morts et qui ont été si semblables à nous durant leur vie. Il n'en est pas ainsi au Dahomey.

Inhumés dans l'une des chambres de la case familiale, les défunts ne la consacrent pas seulement par la présence de leurs ossements, mais aussi par leur participation dans l'Au-delà, à la vie des grands ancêtres et par la puissance mystérieuse qu'ils acquirent après leur mort en vertu de laquelle ils sont constitués les gardiens des traditions, de sorte qu'aucun manquement n'échappera à leur punition.

Je me permets ici une digression qui intéresse les Français : pour enterrer validement les morts, c'est-à-dire, pour leur assurer le séjour dans le pays des ancêtres, il faut, si leur corps est absent, quelque chose qui rappelle le cadavre : cheveux, ongles, ou du moins quelque chose qui lui ait appartenu de très près : objet familier, lambeaux de vêtements.

Vous représentez-vous quelle est la tristesse, l'angoisse des familles quand elles veulent célébrer les funérailles de l'un de leurs enfants morts dans un pays lointain, dans l'une de nos deux guerres par exemple. Les funérailles, à vrai dire, sont rendues impossibles, et le défunt va errer à la recherche du séjour heureux de l'au-delà. Je ne mets pas en cause ici le souci que nous avons eu de leur tombe dans nos cimetières ni la sympathie que nos Administrateurs témoignent à ces familles.

Permettez-moi de vous signaler que, récemment, des funérailles de Tirailleurs Sénégalais ont eu lieu, en France, pour lesquelles les organisateurs ont cherché à tenir compte d'une certaine manière des coutumes africaines en l'honneur des Défunts.

Il s'agissait des Tirailleurs du 25ème Régiment Sénégalais morts au Champ d'Honneur pour la défense de la ville de Lyon en juin 1940.

Des combats acharnés avaient eu lieu dans une quinzaine de localités et c'était là, dans ces communes, qu'avaient été inhumés, sommairement, les corps de près de 200 Tirailleurs.

Un homme de cœur, M. Marchiani, Secrétaire Général de l'Office des Mutilés du département du Rhône, eut la pieuse pensée de réunir ces Corps dans un cimetière commun. Il lui fallut, pour cela, identifier les premières tombes, recueillir les ossements (après 23 mois d'ensevelissement) et donner à chaque Tirailleur un cercueil et une place à part dans ce Cimetière. Ce Cimetière a ce caractère particulier d'être de style soudanais. C'était déjà une délicate attention.

Mais M. Marchiani fit mieux encore : s'inspirant des usages africains pour la sépulture des défunts, il fit venir du Cimetière de Bel-Air de Dakar de la terre d'Afrique, et, le jour de l'inauguration, des personnalités passèrent dans les rangs des tombes alignés pour jeter pieusement un peu de cette terre maternelle afin de donner aux chers Tirailleurs (qui étaient tous du Sénégal) comme le linceul de leur lointaine famille. Cette touchante Cérémonie eut lieu à Chasselay dans le Rhône, le 8 novembre dernier (1942).

Cérémonies publiques

Revenons à notre sujet, dont nous ne nous sommes pas d'ailleurs tellement écartés.

Nous avons donc vu, entrevu plutôt, quelle est la vie religieuse à l'intérieur des familles. Essayons de nous rendre compte, bien incomplètement encore, des fêtes et des cérémonies des villages.

La plus importante que j'ai vue, et qui a été unique je crois bien, a eu lieu, il y a près de 40 ans à Porto-Novo. Il s'agissait, m'a-t-on affirmé, d'apaiser le courroux de la divinité de la Mer en lui sacrifiant une personne humaine. Tous les féticheurs de la région étaient sortis, accompagnés de leurs nombreux servants, tous en costume de cérémonie. Les tam-tams battaient avec chaque groupe qui défilait. J'avoue que cet immense cortège, presque fanatisé, donnait à cette fête un aspect farouche qui impressionnait défavorablement le Prêtre du Christ que j'étais.

Je n'ai jamais pu savoir comment cette Cérémonie se termina. Mais je retins de ce spectacle que le fétichisme de cette région représentait une organisation puissante qui était à la fois constituée et par la forte autorité des chefs religieux, et par l'adhésion totale des foules aux croyances traditionnelles.

Les cérémonies publiques n'ont pas souvent l'aspect de celle que je viens de mentionner. Ce sont des fêtes locales, ou des fêtes de groupements, ou des fêtes de couvents. Elles durent 7 ou 9 jours (nombres sacrés), elles mettent debout tout le village et ses alentours les plus proches, elles comportent des danses savamment réglées, des chants héroïques, elles demandent une certaine solennité dans le décor, les costumes, etc. L'atmosphère régnante est exclusivement religieuse.

Voici quelques exemples de ces fêtes :

La fête du Gozin, qui se célèbre un peu partout au Bas-Dahomey, elle a pour but de consacrer une eau qui servira à l'apaisement des querelles violentes dans les familles ou dans le village. Elle se célèbre sur l'une de ces grandes places dont j'ai parlé plus haut, le public accède à cette place par des sentiers à l'extrémité desquels des femmes se tiennent assises, près de jarres d'eau lustrale dont on doit s'asperger, avant de pénétrer sur la place pour chasser de celle-ci les mauvais esprits qui rôdent autour d'elle.

Les vases spéciaux qui contiennent l'eau du Gozin sont réunis sous une case largement ouverte et gardés par des féticheurs silencieux et recueillis, en costume de cérémonie. Tous les assistants viennent vénérer cette eau, en se prosternant devant les vases et en formulant des invocations – chants et danses strictement religieux.

Pendant ce temps, des délégations de jeunes gens partent dans tous les sens pour porter à l'extérieur comme l'atmosphère de la fête et aussi pour y attirer d'autres assistants.

Puis, une vaste procession s'organise, lente, silencieuse, qui accompagne les féticheurs, portant les vases sur la tête, jusqu'aux fourrés des bords de la lagune où ils pénètrent seuls. Moment le plus impressionnant de la fête, en raison du mystère qui règne autour de la prière secrète des féticheurs. À leur sortie, il fait presque nuit, la foule reprend sa place derrière le cortège des Prêtres et de leurs servants, et quand la Cérémonie va prendre fin sur la grande place, tous les assistants, d'un même geste des mains élevées en l'air, font un signe d'adieu aux précieux vases. La nuit est tombée, la foule s'écoule silencieusement.

Une fête qui réunit facilement les foules est la Cérémonie, ou plutôt l'une des Cérémonies, qui accompagne la sortie du couvent, quand après 2 ou 3 ans les initiés vont recouvrer leur liberté et entrer au service d'un sacrificateur. Cette cérémonie, trop longue pour que je vous la décrive, mais que nous avons filmée, M. Gadmer et moi, est éminemment fervente.

Elle a pour objet de reconnaître si les élèves du couvent sortent purs de toute faute du stage qu'ils viennent d'y faire. La veille, il y a bien une sorte de confession individuelle, publique, à ce sujet. Mais ont-ils tout dit ? Pour le savoir, on prépare, au cours d'une longue cérémonie, le sang d'une victime auquel on mélange de la farine pour constituer une pâte, laquelle va servir à la Divinité à faire éclater l'innocence ou la culpabilité des initiés. Cette pâte sacrée est en effet brûlante en principe ; les initiés devront en prélever une poignée, en prenant à même la marmite dans laquelle elle a cuit.

L'un d'eux ressent-il une brûlure, il est coupable, il a fait la veille un aveu sacrilège. Cette faute fait achever brusquement la Cérémonie et met en désarroi le pays tout entier. Aucun d'eux ne ressent-il de brûlure ? Leur satisfaction se voit dans la danse rituelle qu'ils exécutent à ce moment.

Le public ne manque pas de se réjouir de son côté de ce que ses Divinités seront servies par des ministres dignes dont les prières et les sacrifices seront plus efficaces. Ce qui caractérise, en effet, la mentalité religieuse de nos Africains, c'est le souci qu'ils ont de vivre en paix avec leurs terribles divinités. Aussi rien ne leur inspire-t-il plus d'effroi que le sacrilège qui est en effet une offense personnelle à la Divinité, bien capable à cause de cela de provoquer sa colère, qu'il faut apaiser au plus tôt.

Un mot vole donc de bouche en bouche : Rouma, Rouma[15] ! Il est parti d'un couvent ou de la case d'un féticheur. Un sacrilège vient d'être commis, par exemple une main profane s'est posée par mépris sur la tête d'un féticheur, la tête !!! lieu où habite l'esprit du fétiche ! Toute la région s'alerte, on éteint les

---

[15] Terme en langue fon ou gun que l'on peut traduire par sacrilège.

foyers, on se revêt d'habits de pénitence, on se munit de branches de propitiation, on parcourt les chemins, par groupes, implorant avec d'étranges modulations le pardon de la Divinité.

Ceci n'est que le premier acte du drame. Le second va consister dans la recherche, l'arrestation du coupable, le troisième dans sa punition qui pourra être mortelle.

Je pourrais donner d'autres exemples de cérémonies publiques, car le calendrier liturgique de ces pays est très chargé, au moins au moment de la saison sèche, époque d'inactivité agricole favorable à ces manifestations. Il faut se borner.

Toutes ces cérémonies supposent l'organisation puissante d'un nombreux clergé. Cette organisation existe et c'est autour de ce clergé (de son recrutement, de sa formation, de sa consécration) que se remarquent les Cérémonies les plus compliquées, les plus ferventes et aussi les plus secrètes, de sorte que le sacrificateur v. g. se présente vraiment aux foules comme apte à ses fonctions, choisi par la divinité, délégué par elle.

Les voyageurs européens, en général, ne l'ont pas compris ainsi. Ils ont cru que, pour des peuples aussi naïfs, aussi ignorants, l'astuce des féticheurs suffisait à faire naître et à entretenir les cultes. Le simple bon sens s'oppose à ce que ces religions qui ont eu au moins le mérite de durer aient dû cette permanence à des stratagèmes. Certes le besoin de merveilleux a fait imaginer à ces populations des hommes et des animaux fabuleux.

Mais les féticheurs ont été les plus ardents à adhérer à ces croyances ; autrement, comment supporteraient-ils ces longues années de pénitences, d'exercices pénibles, d'isolement des couvents qui les préparent à leurs fonctions ? Où prendraient-ils ces visages qui portent la marque au moins d'une adaptation professionnelle à la prière, sinon au recueillement ? Où prendraient-ils encore leur zèle qui les rend si vigilants pour veiller à l'inviolabilité des Cérémonies, à l'observation des lois religieuses ? Où prendraient-ils enfin cette intransigeance qui les rend cruels jusqu'au crime ?

D'ailleurs, comment croire que nos paysans africains avisés, réalistes, intéressés comme tous les paysans se rendraient si facilement dupes de roueries dans un domaine où l'on a précisément besoin de sécurité intellectuelle, de propreté morale et de confiance absolue. Pour ma part, j'ai fréquenté assez de féticheurs pour affirmer que l'épithète de charlatans ne leur convînt nullement, et pas davantage celle de sorciers.

Car, je vais vous surprendre, même dans ces pays, la Religion est une chose, la sorcellerie en est une autre, et la superstition une troisième. Je ne voudrais pas nier cependant que la pratique de la divination ne puisse prêter à la supercherie de la part de devins de second ordre. Mais il ne s'agit pas ici de culte à proprement parler, ni de sacerdoce par conséquent. Et puis, avouons-le, c'est un peu tenter le diable que de chercher à connaître un impossible avenir et de vouloir le savoir avec tant d'empressement comme cela arrive à certains consultants auprès de certains devins !

Divination, épreuve du poison, ordalie

Plusieurs fois déjà j'ai prononcé le mot de divination, je m'y arrête quelques instants. La divination commande tout le système religieux de ces pays en ce sens que c'est elle qui interprète les désirs, les ordres, les exigences, les colères des divinités. Elle préside aussi à tous les actes, religieux ou profanes, des individus, en les faisant dépendre pour leur réalisation des oracles qu'elle prononce. La Divination est presque une science, en tout cas elle demande une initiation qui dure plusieurs années. Elle repose pour une grande part sur un certain psychisme fait d'obsession, de lecture de pensée. Elle repose aussi sur le sort et ses hasards. Mais qui se cache ainsi derrière le destin ? Les Noirs croient que c'est la Divinité. Dieu peut-être.

À ce point de vue, on peut rattacher à la divination une autre institution très importante : l'épreuve du poison et aussi les ordalies. Ces « *jugements de Dieu* », j'ose les appeler ainsi, sous-entendent l'imprescriptibilité de la justice et que celle-ci sera défendue en dernier ressort par des puissances supérieures qui auront la faculté de faire mourir mystérieusement un coupable récalcitrant ou vivre un innocent méconnu.

Les interventions extranaturelles remplissent la vie des Africains. C'est ainsi qu'ils sont persuadés que les Ancêtres, pour les coutumes et les traditions, les divinités pour leurs cultes, sont à l'affût de toutes les fautes qui peuvent se commettre pour les châtier immédiatement. Tout ce qui ressemblera à un malheur sans cause, à un accident fortuit sera regardé comme une punition des ancêtres ou des fétiches : épidémies, chutes, incendies, etc. Aussi devant ces malheurs petits ou grands, le premier soin est-il de demander au coupable (connu par un aveu spontané ou par la divination) d'avouer sa faute pour qu'il l'expie et qu'il en soit fait réparation par les siens – ou par le Prêtre de la divinité offensée.

Nous avons vu quelles sont les interventions des Ancêtres et des divinités dans l'existence des Fétichistes Africains. Il nous faut rechercher les lents cheminements de ces mêmes hommes vers le monde des mânes et le monde des Esprits.

Le Noir est pauvre et faible en ce monde. Qu'offrira-t-il à des divinités invisibles et puissantes ? Mais il remarque que les fétiches règnent sur le monde visible de la faune et de la flore de ses campagnes. La Foudre, l'Arc-en-ciel, les Montagnes, les Sources, les estuaires majestueux, la mer immense, ainsi que le serpent, la panthère pour les animaux, sont comme les rois des choses créées.

Pourra-t-on mieux faire que de leur offrir leurs propres sujets ?

La pauvre humanité y trouvera double bénéfice : accéder aux divinités en se faisant précéder auprès d'elles d'un don acceptable, participer même à leurs qualités ou à leurs privilèges en consommant des offrandes qui leur ont été agréables et qu'elles se sont identifiées d'une certaine manière (c'est ainsi du moins que s'entendent les offrandes de nourriture placées sur les Assens, en l'honneur des Ancêtres).

Je trouve ici la place de faire une remarque importante : on a beaucoup reproché aux fétichistes <u>d'adorer</u> des plantes, des animaux, des pierres. Et ceci est vrai. J'ai vu des Dahoméens se prosterner devant le serpent fétiche, comme aucun croyant ne le fait pour son Dieu dans aucune religion. Superstition grossière ? Non ! Spiritualisme plutôt. Je m'explique : des voyageurs ont affirmé que c'était à force d'entendre le bruit mystérieux de la foudre que les Indigènes avaient fait du tonnerre une divinité. Les apparitions capricieuses de l'Arc-en-ciel ont prêté à la même interprétation, de même le mystère des forêts, la force de l'Océan, l'inaccessibilité des montagnes, etc. Ne pourrait-on pas soutenir avec plus de raison que l'idée du divin est préexistante dans l'homme et quand il a fallu donner une voix à la divinité, il a songé à la foudre, il a songé à l'arc-en-ciel pour lui donner un vêtement, à la montagne ou à la forêt impénétrable pour lui donner une demeure, au serpent, à la panthère pour rehausser une puissance qui était capable d'une telle transformation.

Quand le fétichiste se prosterne devant tout cela, c'est qu'il y reconnaît la présence d'une divinité, il lui rend donc le seul hommage qui lui convient : l'adoration, n'arrêtant nullement sa pensée au truchement dont elle se sert pour résider près de lui, ou simplement pour habiter quelque part.

Les sacrifices

Pour des raisons complexes que nous n'avons pas toutes analysées, les Noirs se complaisent donc à recourir à des intermédiaires dans leurs rapports avec leurs fétiches. Je vous parlerai du principal : le sacrifice. L'immolation des victimes est l'acte supérieur de ces cultures, leur manifestation essentielle devant laquelle aucun Européen ne peut sourire ni rester indifférent.

Comment interpréter ce besoin de verser du sang en gage de soumission, d'adoration, de religion ? Et du sang d'un animal domestique par hypothèse, c'est-à-dire n'ayant aucun rang dans la hiérarchie des êtres animés !

Est-ce le corps sans vie d'un poulet qui est agréable aux divinités ? Qu'importe, semble-t-il, la destruction d'êtres vivants qui ne sont capables ni d'être innocents, ni d'être coupables !

Ou prennent-ils cependant leur raison de remplacer des hommes dans les démarches de ceux-ci auprès de leurs dieux ? Je risque cette interprétation : les Indigènes ont plus ou moins consciemment l'estime de la vie ; on s'en aperçoit aux cérémonies dont ils entourent la perte de la vie : les funérailles, on s'en aperçoit à leur culte des ancêtres auxquels ils accordent le bienfait d'une autre existence dans l'au-delà ; on s'en aperçoit aux cérémonies innombrables dont ils entourent les naissances, aux égards qu'ils ont pour les mères, etc.

Les immolations sont donc pour eux des offrandes meilleures que les autres parce que l'on donne par elles ce qui est plus mystérieux encore et incontestablement plus grand que la germination des graines ou la croissance des arbres, l'on donne la vie qui s'échappe d'un être par le sang qui coule, la vie qui est la totalité de cet être, la vie qui ne se donne qu'une fois.

Mais l'homme ne s'offrira-t-il pas lui-même par le renoncement ? Plusieurs fois, j'ai fait allusion aux défenses et aux prescriptions qui sont imposées dès leur naissance aux enfants et dans différentes circonstances aux adultes. Ces obligations ne sont contrôlées par personne, excepté par les Esprits et les Ancêtres. Ne faut-il pas une grande fermeté de caractère pour les observer infailliblement ? Où cette fermeté prendra-t-elle sa source ?

Un jour j'assistai à une Cérémonie de la divinité du Tonnerre avec un jeune chrétien, qui avait été élève dans un couvent de cette divinité. Devant une scène terrifiante de cette cérémonie, je ne pus m'empêcher de lui dire : comment avez-vous pu adhérer à de telles croyances ? Il me répondit : je l'ignore. Mais ce que je sais, c'est que j'aimais mon Dieu !

Aimer son Dieu ! Peut-être est-ce à l'instant. En tout cas, ces paroles nous mettent en face d'un aspect imprévu du Fétichisme qui met le point final à tout ce que je vous en ai dit pour vous le faire connaître.

Voici les conclusions très résumées, que l'on peut tirer de la présente conférence : 1) pour le Fétichisme. 2) pour les fétichistes.

1- pour le FÉTICHISME

a) Le fétichisme semble avoir les caractéristiques d'une vraie religion, en particulier par ses sacrifices et ses sacrificateurs.

b) Le fétichisme vient du fond des âges, identique à lui-même sans variation, ni corruption avec une certaine évolution liturgique cependant chez les Peuples où la royauté a pris l'aspect d'un État.

c) Le fétichisme nourrit son homme spirituellement, l'attachant à cause de cela à des contrôles sévères, à des observations rigoureuses.

d) Le fétichisme apparaît complet par la diversité de ses dieux et de leurs attributions et de leurs faveurs et par la multiplicité des auxiliaires qu'il met en jeu : animaux, plantes, minéraux, chants, danses, costumes, repas, etc.

e) Le fétichisme est une religion de race ne répugnant pas cependant à l'introduction de cultes nouveaux venant d'un autre peuple.

2- pour les FÉTICHISTES

a) Il n'y a parmi eux ni incroyants, ni non-pratiquants, le « monde » au sens religieux de ce mot n'existe pas chez eux avec ses hypocrisies, ses lâchetés, son laïcisme.

b) Les fétichistes se sentent complètement entre les mains de la divinité par la divination et par les ordalies.

c) Leurs rapports avec les divinités finissent toujours par être bons, les fautes étant connues et expiées, les sacrilèges dénoncés et réparés.

d) La vie des fétichistes, si pauvres parfois, est embellie, spiritualisée par la présence dans leurs campagnes, dans leurs maisons, de toutes ces divinités qui habitent les sites voisins, les arbres proches, sans parler des ancêtres qui résident autour de leurs tombes.

e) Par les initiations, les consécrations qui marquent les étapes principales de leur vie, les fétichistes ont un sens aigu de la dignité de la personne humaine.

Conclusion

Perspectives d'avenir ....

Vous le devinez, ce n'est pas de statistiques que nous parlerons vendredi prochain, mais de l'enracinement de l'Enseignement chrétien dans les dispositions ancestrales des Africains en même temps que de la sublimation de leurs tendances naturelles religieuses par la lumière, la vraie Lumière, de la seule vérité : le Christ Lui-même.

LES ASPIRATIONS RELIGIEUSES DES NOIRS ET LEUR MISE EN VALEUR PAR LE CHRISTIANISME

Cette conférence fait suite à la précédente : 'Perspectives d'avenir selon la psychologie religieuse africaine'. Elle est datée du 19 Mars1943. Elle fut reproduite, au moins en partie, dans 'Chercher Dieu'. Édition de l'Abeille, Lyon. Voir : Ligue maritime et Coloniale. -Bulletin des Missions 1946. Cote 3H14 et 15.

Le sujet que nous avons traité la semaine dernière était celui-ci : *Perspectives d'avenir pour les Églises Noires.* Beaucoup d'auditeurs s'étaient imaginés sans doute que la conférence nous aurait (fait) faire une étude sur les chances de l'Évangélisation en Afrique, d'après la puissance d'expansion du christianisme d'abord, puis d'après les résultats, d'ailleurs brillants, déjà obtenus, enfin et surtout d'après les heureuses dispositions des Africains à recevoir le Grand Message de la Bonne Nouvelle. J'en ai fait la remarque à la fin de cette première Conférence : dans cette exploration des perspectives d'avenir il ne s'agissait ni de travaux de statistiques, ni de supputations plus ou moins intéressées et encore moins d'horoscopes.

La question précise qu'il faut élucider est la suivante : Que peut-on espérer du développement et des qualités des Églises Noires, en tenant compte exclusivement des dispositions religieuses et des qualités naturelles des Noirs. Ces qualités et ces dispositions peuvent-elles servir de substratum à l'Évangélisation, sont-elles même requises pour qu'il y ait dans ces pays un véritable enracinement du christianisme ?

Nous pouvons déjà faire une réponse de principe que nous puisons dans les traditions de l'Église et dans les enseignements les plus récents des Papes, au sujet du Clergé indigène : les Églises

Noires seront Africaines ou elles ne seront pas. Mais l'Afrique Religieuse d'avant la conversion, c'est le Fétichisme. Comment planter la Croix sur un sol aussi peu solide et dans des conditions aussi adverses ?

Je commencerai par noter deux tendances diamétralement opposées :

1. - Pour beaucoup d'Européens, il y a une similitude évidente entre les deux religions : le scapulaire, les médailles, les statues, les bannières, les processions, les cendres, l'eau bénite, les cierges, ils ont constaté tout cela et l'emploi indiscret qu'en font les Noirs dans leurs talismans, leurs amulettes, leurs cérémonies, etc. Il en est de même pour le culte des morts, la croyance en un certain purgatoire, l'existence des esprits, sans parler des cérémonies de consécration, de purification, d'expiation, etc. Je ne m'attarde pas à réfuter cette assimilation. Au surplus, serait-il toujours compromettant qu'elle existât ?

2.. - Pour les convertis, au contraire, rien n'est commun entre les deux religions. Leur aversion (a-vertere) pour leur ancienne religion ne les fait pas hésiter à prononcer le nom de diableries devant les manifestations les plus inoffensives ou les plus respectables de cette religion. Cette aversion est telle que dans beaucoup de pays autres que l'Afrique, les Missionnaires ont dû renoncer à l'introduction de l'Art Indigène dans leurs Églises parce que celui-ci éveillait trop vivement le souvenir des temples, des idoles, lieux maintenant abhorrés.

On peut démêler deux éléments dans cette aversion : la conversion, qui est souvent faite de douloureuses étapes, constitue un arrachement au passé, qui a besoin d'être définitif et même violent pour répondre à la vérité maintenant apparue. D'autre part, le converti, même sans le zèle d'un Polyeucte, se sent faible et pour écarter tout regard en arrière qui n'apporterait que de la confusion dans son état, il considère comme un danger tout ce qui serait capable de le ramener au passé.

Respectons le mystère des évolutions de la conversion, je veux dire, ne demandons pas à nos convertis une sympathie, même simplement intellectuelle, pour leur religion abandonnée, c'est assez qu'ils aient brûlé ce qu'ils avaient adoré.

Il ne faut pas mêler non plus de trop près les missionnaires à ces questions. Ils sont dans la bataille en face d'une tranchée ennemie, le fétichisme, qu'il serait vain à leurs yeux d'appeler d'un autre nom, fût-ce celui de la religion primitive, qu'il serait vain encore de chercher à en tirer autre chose pour les âmes que de la perversion de l'esprit ou de la corruption des cœurs.

Nous verrons plus loin que les fétichistes ont de leur côté, une position extrême qui est parfois un grave obstacle à l'action des Missionnaires.

1. La première pierre d'attente préparant l'édifice nouveau est incontestablement le fond religieux de l'âme Africaine dont l'existence ressort de tout ce qui a été dit lors de notre première conférence. N'est-ce pas de la religion qu'il y ait dans ces cultes, non seulement des invocations, mais des offrandes, non seulement des prières, mais des sacrifices, non seulement des demandes mais des actions de grâces, non seulement des adorations mais des consécrations, non seulement des hommages mais des réparations, non seulement des fidèles mais des prêtres et des lieux sacrés et des cérémonies et de la fidélité et de la ferveur !

Quel est le Missionnaire qui n'a pas été touché des marques de sympathie, de respect, de confiance qu'il reçoit des fétichistes, précisément parce qu'il se présente comme l'homme de la prière chez les Blancs ? Nous avons gardé dans nos annales des Missions Africaines, le souvenir de l'accueil solennel que fit le Roi d'Abomey Glélé en 1863[16] à notre confrère le R. P. Borghero qui se rendit à la cour en costume de cérémonie, précédé d'un cortège d'enfants de chœur dont l'un portait une croix de procession. On rappelait récemment que Monseigneur Steinmetz, le vénéré Jubilaire du Dahomey, n'avait qu'un signe à faire pour obtenir la participation des fétichistes de Ouidah aux travaux de la construction de la Cathédrale de cette ville. Combien de nos chapelles ont été construites ainsi par des mains païennes dans un respect égal à celui des chrétiens, parce qu'il s'agissait d'un lieu sacré, de la Maison de Dieu. Je veux citer encore parmi une multitude d'autres exemples, la joie religieuse que nos Fétichistes

---

[16] En fait, ce voyage eut lieu en 1861 : cf. *Journal* de F. Borghero, op. cit. p. 58.

ont témoignée quand ils se sont mêlés aux manifestations qui ont accueilli les premières ordinations sacerdotales indigènes.

Et avec quelle confiance, ces mêmes hommes ne nous amènent-ils pas leurs enfants pour que nous les éduquions dans nos écoles, parce que nous sommes des prêtres. Nous pouvons suivre à la trace ce sens religieux quand de tels fétichistes seront devenus chrétiens, pour eux rien n'est meilleur que la religion, rien n'est plus respectable ; on ne connaîtra donc pas, pour les choses religieuses, ce respect humain qui caractérise les croyants timides ou honteux des pays d'Europe, et l'on verra des groupes de chrétiens, à pleines rues parfois, se découvrir au son de l'angélus ; des passagers d'une pirogue, d'un train, d'un camion n'hésiteront pas à chanter des cantiques, à réciter leur chapelet, si l'inspiration leur en vient ou si le besoin leur en prend, et quels que soient leurs voisins.

Les Blancs s'étonnent de l'attitude pieuse de nos Néophytes à l'Église et ils admirent que nous ayons pu obtenir de tels résultats en si peu de temps. Ils se trompent, nous n'avons eu à nous donner aucune peine pour inculquer ce recueillement qui est spontané chez ces populations, quand il s'agit de l'endroit de la prière. Dois-je le dire ? Ce respect de la chose religieuse de la Maison de Dieu notamment a quelques inconvénients. Rien n'est donc respectable comme le lieu où des hommes se réunissent pour prier. Un catholique, en voyage, se trouve un dimanche dans un village où le seul oratoire est un temple protestant ; avec la meilleure foi du monde, notre brave homme, préoccupé de l'unique souci de sanctifier son dimanche, s'en ira prier au Temple, ce qui ne serait admis par personne en Europe.

2. La deuxième pierre d'attente sera constituée par ce que nous appellerons l'observation des Lois positives. Les voyageurs n'ont pas manqué de remarquer que les peuples Africains étaient soumis, ou se soumettaient à de nombreuses obligations ne relevant aucunement de la Loi Naturelle et auxquelles les Ethnographes ont donné des noms divers : interdits, tabous, etc. Un Missionnaire, le R. P. Defays[17], Père Blanc, écrivant un livre

---

[17] Il s'agit en fait du père *Félix Dufays* (1877-1954) (et non *Defays*), luxembourgeois, missionnaire au Ruanda à partir de 1903 ; il est avec son confrère Vincent de Paul de Moor l'auteur de l'ouvrage « *Les enchaîné au Kiyanga* », recueil de

fort documenté sur ces défenses et ces prescriptions n'a pas craint de l'intituler 'Les Enchaînés', voulant exprimer ainsi que ces hommes se regardaient comme liés indissolublement par tout ce qui leur était commandé ou défendu, au nom de la Divinité.

On ne comprendrait rien à la psychologie religieuse si l'on ne devinait que ces obligations sont à la fois une soif et un aliment pour une âme, une soif, le vif désir d'être agréable à la Divinité, un aliment : la certitude d'en recevoir une récompense qui sera d'augmenter ces prescriptions ou accroître la fidélité à la remplir, pour améliorer encore ses rapports avec la même divinité. L'observation de ces lois positives suppose que sont réglées par ailleurs les obligations qui se rapportent aux lois naturelles, comme la répression du vol, de l'homicide, du faux témoignage, de l'adultère, etc. qui relève plutôt que du Féticheur du bras séculier, c'est-à-dire des chefs, ou plus simplement du peuple lui-même comme nous le voyons pour la punition de la femme adultère de l'Évangile.

Dans quelle mesure ces lois positives appartiennent-elles à l'ascèse du fétichisme ? Il serait difficile de le dire. Il suffit qu'elles existent comme rapport entre les hommes et les dieux pour marquer au moins l'autorité de ceux-ci, la soumission de ceux-là. Il suffit encore qu'elles exercent la volonté pour l'affermir en lui faisant accomplir des actes difficiles dans un but spirituel sous le seul contrôle de la conscience individuelle.

Je crois qu'il faut attribuer à cette éducation séculaire de la volonté cette chose simple et admirable : la « consigne » c'est-à-dire la notion du défendu dont nos Tirailleurs Sénégalais nous donnent l'habituel exemple.

Les Encyclopédistes et Rousseau ne se sont-ils pas trompés quand, nous parlant du Bon Sauvage, ils n'ont pas attribué à l'éducation de la volonté, à l'influence de la religion, à la tradition, l'honnêteté parfaite qu'ils ont constatée chez les prétendus sauvages ? Quel point d'appui naturel pour les jeûnes, les veilles, les mortifications, les sacrifices de la vie chrétienne ! Et quelle transformation quand ces pénitences constitueront un louable

---

textes ethnographiques édité en 1938 à La Librairie Missionnaire, mais qui circulait déjà depuis 1913.

effort de purification de l'âme à l'exemple des Saints, quand elles revêtiront l'aspect d'une participation aux souffrances du Christ, quand elles seront le gage et la rançon d'un regard plus pur, plus clair vers les réalités mystiques de l'Union à Dieu !

3. Troisième pierre d'attente : Le Cérémonialisme. Dans les religions, dont on a dit qu'elles ont vieilli (le Judaïsme v. g. pharisaïque), le Cérémonial apparaît désuet, vide de sens aux fidèles de ces religions qui ont perdu eux-mêmes la ferveur, sinon la sincérité, et sont tombés dans un pur formalisme. Quel contraste avec les religions dites primitives comme celles des Africains qui ont conservé non seulement leur fraîcheur première, mais leur dynamisme, c'est-à-dire qui nourrissent encore les sentiments religieux dans les âmes. Il nous est utile de rechercher les causes du Cérémonialisme pour la démonstration que nous avons entreprise.

a) La première en date est certainement celle dont j'ai parlé dans la conférence de la session dernière : la croyance préexistante au divin qui a fait que l'on a songé au tonnerre quand il a fallu donner une voix à la divinité, que l'on a songé à l'arc en ciel quand il a fallu donner un vêtement, à la forêt impénétrable, à la montagne inaccessible quand il a fallu lui donner une demeure, au serpent, au caïman, à la panthère, etc. quand il a fallu lui trouver un habitat dont l'invraisemblance dénoterait sa puissance (origine du totémisme).

b) Le sentiment religieux incontestable de ces pays s'est trouvé très démuni à l'origine, quand il a voulu séparer du commun les lieux du culte, les habits de cérémonie, les vases sacrés, les chants, les prières, les danses, etc. ; de là une recherche du rare et du riche et de l'extraordinaire quand on l'a pu, qui a donné naissance à la singularité, à la variété, qui sont inépuisables, des costumes, des objets liturgiques etc. …

c) On a senti le besoin aussi de sortir de l'humanité des hommes, les prêtres et aussi les Rois, qui par fonction devaient la représenter auprès des Divinités, ou lui imposer des Lois, de là ces grandioses cérémonies des consécrations ou des sacres après lesquels il était interdit sous peine de mort, de prononcer les noms que les nouveaux chefs religieux ou royaux portaient depuis leur enfance, comme pour prouver qu'ils avaient perdu leur identité profane.

d) Peut-être pourrait-on ajouter qu'au début de l'histoire de ces peuples, quand les langues n'étaient pas encore adaptées à toute la gamme des sentiments, peut-être a-t-on paré à ce paupérisme linguistique par la richesse des gestes et des symboles. Ce qui pourrait le faire croire, c'est l'éclosion contemporaine aux religions d'un art qui a été d'abord simplement décoratif mais qui est bientôt devenu symbolique quand il a voulu concrétiser des sentiments délicats ou fervents, presque inexprimables, ou des idées générales ou abstraites, intraduisibles autrement.

e) Au temps de ces origines, on vivait en commun, se réjouissant, s'attristant, priant ensemble parce que les actes principaux de la vie étaient dirigés, présidés par le Chef, le Prêtre. La solennité de ces assemblées, l'ordre qui devait y régner, la signification qu'elles devaient avoir et qui devait être accessible à tous postulaient un cadre encore, un décor, des gestes, des symboles, sources de cérémonialisme. Il faudrait ici des photos, un film. Je me permettrai du moins de décrire l'un des films dont j'ai parlé dans ma première conférence. Il s'agit dans ce film, d'une cérémonie de pardon, pour deux féticheuses qui ont commis une faute contre la loi de l'abstinence, elles ont mangé une viande défendue, en l'espèce, de l'antilope rayée. On les amène, la poitrine et le dos couverts de taches rondes de kaolin blanc, marque à la fois de la mort et du péché. On les fait asseoir et on va les entourer de cinq cercles :

- Le premier, le plus près d'elle, est fait de charbon pulvérisé, le noir est symbolique de la faute.

- Le deuxième est fait d'une farine jaune qui rappelle la cérémonie de leur consécration.

- Le troisième est fait d'une farine blanche qui évoque déjà leur pardon quand elles le franchiront à la fin de la cérémonie.

- Une victime est immolée, un poulet, noir naturellement, et avec le sang de ce poulet on tracera un quatrième cercle resserrant les coupables, pourrait-on dire.

- Le cinquième et le dernier cercle, le plus excentrique est fait de feuilles tendres de bourgeons de palmier, feuilles qui servent ordinairement d'enseignes aux lieux sacrés.

Que manque-t-il à cette cérémonie pour qu'elle soit spectaculaire, pour qu'elle soit éducatrice pour les collectivités, et troublante pour les coupables ? Et pourtant sa caractéristique principale est ailleurs, ces différents cercles sont des signes sensibles d'interventions invisibles. Et qu'on ne parle pas ici de magie car ces cérémonies supposent un Prêtre dont la consécration a été longue et solennelle et qui est habilité à servir d'intermédiaire entre les divinités et les hommes.

Les prières, les offrandes, les sacrifices constituent le va et vient d'une échelle de Jacob et sont un prêté pour un rendu dans les relations de la divinité et de l'humanité et non des signes magiques.

Faut-il s'étonner après cela que nos néophytes africains, habitués séculairement à donner à leurs yeux, et par eux, à leurs âmes ce pain des cérémonies efficaces et touchantes à la foi, faut-il s'étonner que rien ne leur échappe moins, que rien ne les satisfasse davantage que nos longues et belles cérémonies des grandes fêtes de l'Église, et que nos cérémonies plus fréquentes et plus intimes de l'administration des sacrements : l'Extrême-onction et surtout le Baptême, signe sensible de la plus grande grâce invisible : l'adoption divine ?

Le cérémonialisme africain est prêt à s'adapter à d'autres dispositions liturgiques chrétiennes : il aime les cérémonies qui échappent au regard, parce qu'il pressent qu'il est utile à la dévotion humaine qu'il y ait un écran entre ses yeux de chair et les réalités supérieures du monde invisible. Devenus chrétiens, les Africains aimeraient les rites orientaux selon lesquels les Prêtres célèbrent la Messe derrière un voile qui prend toute la largeur du sanctuaire et empêche de reconnaître les personnages, de voir les actions, permettant ainsi à la piété de les placer sur leur vrai plan, sur le plan Divin, infiniment supérieur à nos connaissances les plus sûres, à nos sentiments les plus élevés

Les Africains comprennent encore que, de cette manière les Saints Mystères, c'est bien le nom de la Messe, échapperaient à la profanation, car c'en est une, qui les ferait regarder avec des yeux ignorants, indifférents ou hostiles.

Enfin, comment les Africains n'adopteraient-ils pas la langue morte et peu vulgarisée de la liturgie, le latin ? Cet ésotérisme serait comme une marque de respect, du cérémonialisme qui les empêcherait, comme chez eux, de se servir du même langage avec les hommes et avec Dieu.

Mais pourquoi ne parler que de l'adaptation possible ? – L'âme Africaine serait capable d'enrichir la liturgie catholique elle-même si on lui permettait de traduire à sa façon les sentiments éternels de l'humanité vis-à-vis de Dieu, et de Dieu fait homme, N.S.J.C.

Alors, quelle floraison de manifestations touchantes, d'usages pieux, de consécrations imprévues, quelle mise au service de la Foi de tout le créé, de tout l'humain. Notre Moyen-âge n'a-t-il pas eu cette liberté, pour les fêtes de Noël en particulier ! Comme les Noirs aimeraient les dramatiques processions du Vendredi Saint de l'Espagne ! Des Missionnaires n'ont pas hésité à introduire dans leurs nouvelles chrétientés Africaines non pas une liturgie nouvelle, mais des usages ingénus qu'ils avaient vu observer chez eux, surtout dans les campagnes régionalistes de nos vielles provinces.

Rappelons-nous en effet le caractère populaire des religions africaines, elles ont existé dans des pays où les élites de la prière, de la musique, de l'art, de la littérature, n'ont jamais eu un aspect aristocratique ou bourgeois. Ce furent donc les Masses et les Masses paysannes qui apportèrent toute leur spontanéité, toute leur sincérité aux manifestations extérieures des Religions. Ces mêmes masses converties sont donc toutes prêtes à adopter toutes ces bénédictions du rituel : semences, moissons, puits, étables, appartements, aliments, etc., et toutes ces prières publiques : Rogations, Processions, qui sont précisément sorties du fond de l'âme populaire chrétienne.

Des Missionnaires ont eu même l'audace et l'heureuse idée de christianiser des lieux de culte ou des usages païens, comprenant, et que leurs nouveaux fidèles méritaient cette condescendance, et que ces lieux et ces usages étaient dignes de cette ascension.

Nous venons de voir, par certains aspects de la vie religieuse africaine, comment le christianisme peut trouver dans ce pays du Continent Noir un terrain favorable à son introduction ou plutôt comment il peut se servir des dispositions religieuses de ces populations pour son œuvre propre de transformation surnaturelle. Le christianisme retrouvera des auxiliaires précieux pour cette transformation, dans les institutions et les mentalités simplement humaines des Africains.

a) Cadre du travail : Chasse et Culture. La forêt et la campagne ont des silences pleins d'enseignements quand les dangers de la forêt vierge obligent le chasseur à se confier aux puissances supérieures (les personnages légendaires qui ont été les initiateurs de certains cultes étaient souvent des chasseurs). Quand le mystère des germinations, l'abondance des récoltes démontrent à l'homme que ses efforts ou son ingéniosité ne sont pas proportionnés à de tels résultats qui ne peuvent venir que d'interventions supraterrestres.

b) Cadre de la famille, d'où, nous l'avons dit, les morts vénérés et redoutés ne sont pas absents, où la parenté s'étendant aux cousins les plus éloignés multiplie le nombre de frères et rend plus faciles, plus affectueux les rapports que l'on aurait avec eux, s'ils étaient de simples voisins avec qui les disputes seraient inévitables.

c) Cadre de la société d'où l'individualisme est absent, en vertu de la dépendance dans laquelle est maintenue la masse des inférieurs vis-à-vis de quelques chefs seulement, en vertu de l'effacement de ces paysans à qui rien n'appartient en propre, devant qui ne s'ouvre aucun avenir, pour qui leurs talents, s'ils en ont, ne servent point à flatter leur amour-propre, parce que ces talents sont regardés comme des dons gratuits de la Divinité ou des conséquences heureuses de la naissance, mais sans qu'il y ait l'ombre d'un mérite de leur part.

Voici quelques exemples des mentalités obtenues grâce à cette formation au milieu dans lequel vivent les Africains.

1. Il est l'heure de manger pour une petite fille. Sa mère absorbée par d'autres soins ne songe pas à donner à l'enfant son goûter habituel. Celle-ci va-t-elle importuner sa mère par ses demandes ou ses pleurs ? Non, elle se tait résignée, se disant

seulement : puisque ma mère qui dispose de la nourriture et qui m'aime ne me donne rien, c'est qu'il ne faut pas que je mange car elle sait mieux que moi ce qui convient.

2. Un Missionnaire conduit au Médecin Européen un malade gravement atteint, soigné jusque-là par les empiriques indigènes, dans le but de l'arracher à leur ignorance et d'éviter ainsi un dénouement fatal. Malgré les soins éclairés du Docteur Blanc, le malade meurt. Le Missionnaire confus se rend auprès des parents du défunt pour leur exprimer ses excuses et ses regrets. On l'arrête aux premiers mots : Ne vous faites pas de reproche, comme nous ne songeons nullement à en faire au Docteur qui, nous n'en doutons pas, a soigné notre malade avec intelligence, mais ce n'est pas lui qui pouvait le guérir, c'est Dieu et Dieu n'a pas voulu cette guérison.

Le Missionnaire se trouve encore au chevet d'un moribond, c'est un père de famille qui meurt bientôt au milieu de ses enfants éplorés. Mais les chrétiens ont adopté l'usage à l'imitation des païens, d'organiser des veillées funèbres immédiatement après que les mourants ont rendu leur âme à Dieu. On commence donc à réciter des prières et même à chanter des cantiques, les enfants du défunt les premiers, car aucun devoir ne peut passer avant le devoir religieux. Cependant le Missionnaire qui va s'éloigner interrompt la veillée et l'une des jeunes filles de la maison le conduisant à la porte lui demande ingénument : 'Est-ce que l'on peut pleurer maintenant ?' Ne croyez pas surtout que cette jeune fille pleure comme elle veut, à la manière de certaines femmes. Non, mais il y a un temps pour tout. Tout à l'heure c'était le moment de la prière, comment songer à autre chose ? La prière est terminée, ne pourrait-on laisser libre cours à sa douleur ?

L'enfant qui a raconté le premier des faits que j'ai cité s'est convertie et faite religieuse ; elle ajoutait après son récit : *Plus tard j'ai compris que ce qui m'était arrivé avec ma mère pour une question de nourriture pouvait se reproduire pour des nécessités plus spirituelles et avec Dieu même qui, je le sais, m'aime trop pour que je m'inquiète des grâces qu'il me refuse.*

Comment de telles mentalités n'amèneraient-elles pas au Christ des âmes si semblables à celles qui venaient à Lui sur les chemins païens de Tyr et de Sidon, âmes dont le Sauveur disait qu'il n'en avait pas rencontré de pareilles en Israël.

Ce n'est pas sans surprise mêlée d'un peu de pitié que les Missionnaires se soumettent au sujet des Prêtres Indigènes à des interrogatoires du genre de celui-ci : *Ces Prêtres, leur demande-t-on, persévèreront-ils ? Ne doutez-vous pas de leur vertu ? Leur Foi est-elle pure de tout alliage de superstition ?* Oui, nous avons des craintes, mais voici de quel ordre elles sont : nous avons peur qu'ils soient trop sévères, exigeant de leurs ouailles une soumission totale quand il s'agit des lois religieuses, leur imposant des mortifications excessives, surchargeant le calendrier des fêtes de cérémonies surérogatoires.

Nous avons été surpris de constater que nos Religieuses Indigènes ne se consacraient pas avec le zèle que nous aurions désiré aux soins des malades, à l'école, au catéchisme. Interrogées à ce sujet, elles ont répondu : *Nous aimerions mieux prier, ce qui veut dire : nous préférerions à cette activité qui absorbe nos pensées une vie de silence et de recueillement dans notre Chapelle, dans notre Couvent.* Elles aspiraient donc, plus ou moins consciemment à la vie contemplative, disposition spirituelle héritée de leurs ancêtres qui avaient vécu dans le détachement de leur pauvreté paysanne, dans l'effacement de leur humble condition sociale, dans la paix de leurs robustes croyances, dans la fidélité aux prescriptions des Divinités. Ce long passé leur a constitué une psychologie intérieure où l'on voit que les facultés ont un jeu indépendant les unes des autres, en vertu d'un cloisonnement parfaitement étanche qui empêchera la mémoire, l'imagination, la sensibilité, l'inquiétude, la vanité, d'empiéter sur le raisonnement, le recueillement, la prière, etc. On dira peut-être : psychologie de simplistes et d'ignorance ! Mais cette psychologie n'est-elle pas supérieure à la confusion intérieure où nous jettent notre repli égoïste sur nous, nos prétentions et nos vanités, nos convoitises et nos passions, nos inquiétudes et nos sollicitations, nos colères et nos rancunes d'Européens.

Je ne puis m'étendre trop longuement sur les dispositions spirituelles qui nous permettent d'enraciner le christianisme dans des terres bien préparées. Cependant je vous demande la permission de citer encore un exemple d'adaptation chrétienne, presque automatique. La famille collective africaine a pour chef un représentant unique, celui que l'on considère comme étant le plus rapproché par le sang ou par l'âge des grands ancêtres, ce qui lui donne en même temps que la dignité de chef, celle de Prêtre de la famille. Si vous demandez à un enfant qui vient se faire inscrire pour la première fois à votre école, le nom de son père et celui de sa mère, il vous donnera en effet deux noms. Mais si quelques années après quand cet élève a commencé à subir l'influence de votre formation européenne vous avez l'occasion de réviser sa feuille de filiation, il donnera un autre nom pour celui de son père et il vous expliquera que cette fois-ci il vous donne le nom du mari de sa mère, de l'homme qui l'a engendré tandis que la première fois il vous avait donné le nom de celui qui partageait sa paternité entre tous les membres de la famille, offrait des sacrifices au nom de tous, était considéré comme le seul et vrai père de toute la collectivité en raison de ses relations avec les invisibles ancêtres.

Nous avons été surpris de constater dans nos Missions combien était grande l'influence des Parrains sur nos nouveaux baptisés du fait de la confiance et de la soumission de ceux-ci. Nous nous sommes aperçus que l'autorité des parrains passait avant celle du père même chrétien. Nous n'avons pas pu ne pas voir dans cette disposition des filleuls qui est d'ailleurs excellente et très chrétienne, comme un écho de la paternité spirituelle du Chef vénéré de la famille païenne.

Un mot pour finir ce sujet et qui se rapporte à la croyance en l'Au-delà dont j'aurais pu parler d'une manière spéciale car cette croyance appuie ma démonstration.

J'ai connu un païen âgé, qui semblait tenir expressément à être baptisé. *Pourquoi*, lui dis-je un jour, *montrez-vous tant d'empressement à recevoir le baptême ? Voici,* me répondit-il, *mes fils et mes petits-fils sont devenus chrétiens grâce à vos prédications. Comme je les aime beaucoup et que je ne veux pas être séparé d'eux après notre mort commune, je vous demande le sacrement qui nous procurera la vie bienheureuse.*

Après tout ce qui précède, peut-être allez-vous croire qu'il n'y a pas loin en somme du fétichisme au christianisme et que dans ces conditions l'évangélisation doit être facile, beaucoup plus facile du moins qu'on aurait pu le penser. Et cependant toutes ces dispositions morales, toutes ces mentalités religieuses additionnées les unes aux autres ne donnent pas une once de christianisme sans la Foi, la Foi cet acte mystérieux et total qui renouvelle un être jusqu'au tréfonds de lui-même selon le jeu de forces surnaturelles qui ne relèvent que de Dieu seul. Oui, l'évangélisation serait facile s'il ne s'agissait que d'établir entre les deux religions un plan incliné par lequel on ferait insensiblement passer de l'une dans l'autre par des procédés habituels de la persuasion, du bon exemple, de la charité. Au lieu de ce plan incliné, c'est un abîme qui sépare les deux états d'âme, abîme large et profond devant lequel des hommes, de bonne volonté pourtant, s'arrêtent comme devant l'impossible.

J'ai bien des fois mesuré ce tout de la conversion en face de l'obstination de fétichistes qui étaient d'ailleurs mes amis, qui m'avaient confié leurs enfants et pour la droiture et la dignité desquelles je professais la plus grande estime. À mes propositions d'étudier au moins la religion chrétienne ils opposaient un non certes respectueux, même attristé, mais un non que rien ne pouvait entamer, à commencer par notre amitié. Essayer de pousser plus loin cette discussion, jusque-là sans colère, eut été déchaîné des paroles ou des actes de violence dont on n'aurait pas cru cet homme capable un quart d'heure auparavant.

J'ajoute que le Missionnaire est touché de rencontrer une telle fidélité qui lui donne quand même une espérance car, sa Théologie lui a appris qu'il ne faut pas désespérer du salut des infidèles de bonne foi. Son expérience lui a aussi révélé que dans le ciel des âmes, la conversion éclate souvent à la manière d'un orage subit et violent en ceux-là mêmes qui paraissaient les moins prêts à ce grave, à ce bouleversant évènement intérieur.

Un malade que vous visitez depuis quelque temps, un jeune homme que vous instruisez, apparemment en vain, vous dit un jour brusquement : Père, ces talismans que je porte sur moi, ces insignes qui décorent ma maison, je les exècre, ils me représentent les livrées du démon, je veux les briser, les brûler, en tout cas m'en séparer à jamais car, ils ne m'inspirent que du dégoût. Vous demanderez : Depuis quand donc ? Leur figure s'éclaire doucement ou parfois tragiquement et ils murmurent ou ils s'écrient : depuis que je crois au Christ Sauveur du monde et à Lui seul.

Ces deux irréductibilités contraires qui marquent, dans un moment de crise, ou de refus de partir ou le refus de rester, pour une personne en particulier, n'empêchent pas que la nouvelle épouse du Christ, l'âme de ce converti, n'apporte une riche dot à son mariage, cette dot c'est l'ensemble des vertus, des dispositions dont nous venons de parler si longuement.

Le Missionnaire nuirait radicalement à son œuvre s'il ne cherchait pas à jeter des ponts entre le passé et le présent ou plus exactement si le Missionnaire ne bâtissait pas le surnaturel sur le naturel, ou encore s'il n'introduisait pas, sur un tronc qu'il laissera fortement fixé et substantiellement nourri par des racines qui sont aussi vieilles que lui, la greffe qui va améliorer, transformer complètement ses feuilles, ses fleurs, ses fruits, son essence même.

Nous ne pouvons tout dire de cette métamorphose ; en voici cependant un aspect qui n'est pas d'ailleurs le principal mais qui se rapporte davantage au sujet que nous traitons.

<u>C'est la réduction à l'unité</u> qui se fait pour le converti dans le domaine céleste comme dans le domaine terrestre, extension à l'Universalisme, participation à l'Infini.

On s'est trompé en partie, quand on a parlé, comme on l'a fait parfois, du polythéisme africain qui n'existe pas en fait car, si les Divinités sont nombreuses, chaque individu n'est cependant consacré qu'à une seule d'entre elles. Ce morcellement de l'Olympe Africain se répercute sur la famille dont il dissocie les membres d'une certaine manière quand il multiplie les protections, empêchant ainsi ces membres de se sentir unis dans une communauté Divine comme ils le sont dans leur vie matérielle, sentimentale, ancestrale.

Si le lien qui devrait unir entre eux dans le Divin les membres d'une même famille est inexistant, le lien qui les rattache à la Divinité elle-même paraît bien faible n'ayant pas ce caractère de général, d'absolu qui devrait marquer l'appartenance aux Dieux pour un groupe d'hommes aussi compact qu'un clan, qu'une tribu. D'autre part, ces cultes, même avec les caractéristiques religieuses que nous leur avons reconnues ressemblent moins à un commerce surnaturel « pactifiant » qu'à une garantie de paix toujours précaire avec ces terribles voisins d'Outre-terre, les Dieux, avec qui les causes de conflit sont incessantes parce qu'elles se multiplient à l'échelle de leur nombre.

Enfin, s'il faut rendre hommage à ces religions pour la sauvegarde des lois morales qu'elles ont assurée aux populations indigènes, on doit reconnaître qu'elles n'ont jamais proposé aussi parmi les hommes un idéal unique et illimité de perfection qui les relierait entre eux, dans leurs diverses conditions, dans le passé, le présent, l'avenir, aussi bien que sur la terre et dans l'Au-delà.

Le Converti s'épanouit de tout son être devant la révélation d'un Dieu unique, Père de tous les hommes, Présent aux morts comme aux vivants, leur « lien » invisible et puissant ici-bas et dans le ciel. Le Converti s'épanouit encore de tout son être devant Dieu devenu visible et passible par son Verbe, inséparable de sa nature et qui apporte aux hommes, non seulement un idéal de perfection mais qui se constitue Lui-même pour eux en modèle vivant capable de fournir des adaptations à toutes les étapes de la Sainteté, à toutes les phases de la moralité, un modèle efficace portant en lui l'Être et capable de donner le devenir aux hommes cherchant la perfection qui sera celle de Dieu même.

UNE PAGE DE LÉGENDE DORÉE AU DAHOMEY : DEUX SŒURS NOIRES

Nous reproduisons ici l'introduction de cet ouvrage publié à la Librairie Bloud et Gay en 1930, et signée simplement 'une religieuse de la Sainte-Famille du Sacré-Cœur'[18]. Le Père Aupiais, à l'époque Provincial des Missions Africaines de Lyon, en a écrit cette Introduction.

Le début de l'œuvre des Sœurs indigènes au Dahomey date de l'année 1910, c'est-à-dire, cinquante ans environ après l'installation des missionnaires dans ce pays et vingt ans après que l'exercice du culte et la conversion fussent devenus libres.

L'œuvre des Sœurs indigènes était nécessaire depuis longtemps parce que les milieux féminins indigènes offrent moins de prise à l'action des missionnaires européens que les milieux masculins. La condition des femmes noires n'est point, certes, celle des femmes musulmanes qui sont généralement recluses. Mais si les femmes noires ne sont point isolées du reste du monde par les murailles du harem, elles n'en sont pas moins protégées contre les contacts extérieurs par une vie très contrôlée ; l'éducation qu'elles reçoivent dans les couvents d'initiation les rend tout à fait hostiles à tout ce qui est étranger, à tout ce qui est nouveau, et elles sont plus confinées que d'autres femmes dans les soins de la maternité, ce qui les sépare même de leur milieu.

Comment franchir de telles barrières, aborder de telles hostilités dans un pays où il n'y a pas d'indigents, la terre nourrissant ceux qui la cultivent, où la pharmacopée indigène

---

[18] Cependant une consultation sur Internet nous apprend que cet ouvrage serait de Bernadette Naudin et qu'il aurait reçu en 1942, le prix Louis-Paul Miller de l'Académie Française.

suffit aux maladies ordinaires, où le recours à la divinité est le remède des autres, ou aide à les accepter ?

La Sœur européenne, même bienfaisante et généreuse, n'y arrive pas sans peine. Les Sœurs indigènes, puisant dans la connaissance des usages des sujets de conversation difficiles à éviter, obligent les femmes païennes à leur faire accueil, comme l'expliquait l'une d'entre elles.

Mais il n'y a pas qu'à aborder les femmes païennes, il faut les instruire, répondre à leurs questions. Qui pourra mieux le faire que cette religieuse qui n'ignore rien des secrets d'une langue, assez souvent fort habile, qui connaît le genre de raisonnement qu'il faut à ces femmes, assez souvent fort disertes.

Nous verrons plus loin des raisons profondes encore de la nécessité de l'institution des Sœurs indigènes.

Démontrer qu'une œuvre est nécessaire, c'est prouver qu'elle est possible, quand il s'agit du salut des hommes puisque celui-ci dépend d'un Dieu qui nourrit les petits des oiseaux, qui a placé dans la nature le remède près du mal et qui a préparé depuis longtemps les voies de l'évangélisation de ces populations, par les admirables dispositions qu'il a lui-même conservées au fond de leur cœur avec un soin jaloux.

Oui, les vocations féminines seront possibles dans ces pays où, depuis des siècles, de malheureuses mères connaissent toutes les douleurs du honteux trafic de l'esclavage, où tant de pauvres femmes ont été enlevées, vendues, après avoir été séparées quand elles étaient jeunes de leurs parents, quand elles étaient âgées de leurs enfants. Les larmes et le sang de l'Afrique, des femmes de l'Afrique en particulier, appellent sur ces déshéritées une pitié qui se traduira, de la part de Dieu, par sa miséricorde pour les âmes.

Cette miséricorde s'est manifestée quand un missionnaire a lancé, en 1910, un appel en faveur de la vie religieuse. Quelques jeunes filles et quelques jeunes femmes se sont trouvées prêtes à répondre immédiatement.

La nouvelle Congrégation eut des débuts modestes et difficiles, comme il convient. Mais les Sœurs persévérèrent, furent profondément édifiantes, réussirent admirablement dans l'œuvre de l'assistance aux vieillards à domicile qu'elles avaient entreprise, et l'opinion fut conquise.

C'était une chose bien nouvelle dans notre ville de Porto-Novo de les voir aller de case en case, dépistant les vieillards abandonnés. Il y en avait beaucoup, surtout par suite de l'abolition de l'esclavage, qui avait libéré sans doute, mais isolé aussi, beaucoup de pauvres gens.

Je les ai accompagnées bien des fois, et je puis témoigner que ces nouvelles Sœurs de Charité ne montraient aucun embarras pour soigner, réconforter leurs chers protégés ; et elles faisaient preuve parfois de beaucoup de patience et de dévouement pour conserver leur calme, surmonter leur répugnance, devant certains caractères aigris par le malheur et devant certaines infortunes physiques.

D'autres jeunes filles vinrent se joindre à la petite communauté, qui entre temps, s'était transportée à Ouidah, puis à Calavy[19]. On peut dire que le dévouement extérieur et la ferveur intérieure croissaient avec l'âge du nouvel Institut et le nombre de ses adhérentes.

Deux recrues avaient notamment enrichi, par l'apport de leurs trésors spirituels, le patrimoine surnaturel de la petite communauté, les Sœurs Marguerite-Marie et Eugénie, qui furent d'une telle piété que l'on craignit bientôt qu'elles ne fussent mûres pour le Ciel. Ce qui arriva en effet : le bon Dieu les enleva en quelques semaines à la petite communauté des Sœurs dahoméennes.

Avant de mourir, l'une d'entre elles, la Sœur Marguerite-Marie rédigea une sorte d'autobiographie dont le lecteur pourra lire de larges extraits dans le présent livre.

Si quelqu'un demandait quel est le principe de vie morale qui a pu produire les exemples de sincérité, d'innocence, de dévouement, de piété, qui vont nous être soumis, et si l'on répondait : « *c'est le christianisme* » , on ne se tromperait pas, évidemment, car seule la grâce est capable de susciter des mouvements aussi extraordinaires dans les âmes en ajoutant aux sentiments humains tantôt une délicatesse, tantôt une profondeur

---

[19] Calavy : actuellement Abomey-Calavi, à l'ouest de Cotonou sur la route de Cotonou à Allada.

qui changent leur nature en les transportant sur un plan bien supérieur.

Mais je voudrais essayer de rechercher les ressources que trouve la grâce dans les dispositions morales de ces âmes primitives.

Tous les missionnaires ont eu cette agréable surprise, étant chargés de préparer des adultes et des enfants au baptême, de trouver chez ces catéchumènes une bonne volonté, une obéissance, un zèle à s'instruire, une piété tout à fait remarquables.

Je parle évidemment de ces païens que nous rencontrons loin des centres urbains, dans les campagnes fortement traditionalistes et profondément religieuses ; je parle de ces païens qui ne sont point islamisés ou qui ne sont pas devenus des incroyants dans leur propre religion au contact de l'indifférence religieuse des Européens. Je parle de ces braves paysans qui vivent partagés entre les devoirs de la vie familiale et les obligations religieuses, sans qu'un doute ne s'élève jamais dans leur esprit sur la certitude de celles-ci, sur la force de ceux-là.

N'y a-t-il pas une sorte d'ingratitude de notre part quand on sait l'accueil qu'ils nous font dans leurs humbles villages, de les confondre avec le corps de leurs farouches féticheurs ; de ne pas distinguer leur vie particulière des folies collectives de certains états d'esprit comme celui des guerres qu'ils se livrent ou celui des fêtes qu'ils célèbrent avec trop d'exaltation religieuse, de mêler surtout leur nom à toutes les atrocités qui ont parfois été commises contre eux, comme l'esclavage ou les sacrifices humains ?

Ne devrait-on pas penser plutôt à ce qui caractérise véritablement leur état d'esprit par suite de l'influence qu'exercent sur tout homme les conditions matérielles de son existence, les institutions qui le régissent, le milieu dans lequel il vit, les apports moraux qu'il a reçus, sans doute, d'une conformité séculaire aux mêmes traditions ?

Refusera-t-on, par exemple, aux Noirs de certaines parties de l'Afrique de les croire soumis à leurs chefs ? Cette obéissance va si loin qu'elle s'exprime par des salutations profondément respectueuses, inconnues ailleurs. Il est facile de dire que cette obéissance est servile ou inspirée par la crainte. Il est moins facile de démontrer que des populations comme celles-là n'ont pas été sans tirer quelque profit moralisateur de l'ordre qui règne à l'extérieur et à l'intérieur entre les différentes classes de la société et dans une famille, entre les membres.

Les missionnaires qui ont dirigé des écoles primaires connaissent particulièrement cet esprit de discipline qui leur permet de faire observer facilement à leurs élèves le règlement scolaire.

La première conséquence de cette disposition à la hiérarchie se manifeste dans toutes les circonstances où ces hommes sont réunis pour remplir une tâche commune même modeste ou transitoire : ils se donnent un chef. L'équipe de porteurs que vous avez prise pour transporter vos bagages de l'appontement de la lagune à votre maison, constituera un délégué avant l'arrivée et, quand il s'agira de régler, un seul porteur s'avancera au nom de tous pour recevoir ou discuter le montant du salaire qu'il distribuera ensuite à ses compagnons.

Une autre conséquence de l'adaptation des indigènes à la constitution du pouvoir, sera leur esprit de société ; il faut entendre par là cette tendance à se réunir, à se soutenir, à mettre en commun les tristesses et les joies.

Pour nous représenter une telle existence, il nous faut penser à ces mouvements de foules dans les pays européens, pourtant si individualisés quand une grande circonstance patriotique, une grande fête religieuse, un malheur public, une fête populaire, font à une maison, à une localité, à une ville, *une âme unique*.

Comme ces populations paysannes, pauvres d'ailleurs, ont ouï-dire et ont compris qu'elles étaient les dernières dans l'échelle sociale, et les plus inférieures au point de vue matériel, elles l'ont cru et nous les avons vues prêtes à voir s'affirmer autour d'elles des supériorités bien arbitraires.

Leur manque de richesse, de salaire même, outre qu'il a supprimé en eux l'envie, les empêche d'avoir cette conscience de soi que donne le prix ou le nombre des choses possédées ; il comprime aussi le désir qu'ont les riches de satisfaire toutes leurs fantaisies et il attaque dans sa source l'égoïsme. Les individus vont presque jusqu'à perdre leur personnalité dans la vie familiale qui est ainsi constituée, que la famille comprend parfois des villages entiers où les unités disparaissent, et qu'elle est soumise, comme à un roitelet, au chef dont le caractère très paternel a de la peine à apparaître au milieu du respect qui l'entoure et en raison de la sévérité dont il fait montre en face d'un délit. On peut dire que rien n'appartient à ces adultes, adolescents, jeunes gens qui sont les membres de cette famille, que rien ne leur est particulier, ni la profession qu'ils exercent, ni la couleur ou la forme de leur costume qui sont celles de la race ou de la tribu. Le désintéressement, l'effacement qui naissent d'un tel état social, frappent d'étonnement le missionnaire et lui font présager que l'esprit de renoncement qu'il vient prêcher s'épanouira sans difficulté dans un tel milieu.

Les conséquences d'une telle mentalité seront nombreuses, d'abord une facilité à la reconnaissance qui se traduit par l'attachement à son bienfaiteur : quand on a l'humilité de croire que rien ne nous est dû, on est aisément porté à la gratitude en raison de ce qui est accordé. On a remarqué la politesse de l'indigène ; elle aussi est le fruit de l'effacement de l'individu. Il en est de même de leur confiance, de leur serviabilité. Enfin, cet effacement contribue aussi à cette surprenante patience des indigènes qu'on ne voit pas souvent s'énerver, qui manifestent si rarement leur irritabilité contre les intempéries, les contretemps, les choses matérielles, les animaux.

Mais c'est dans la religion que l'on admirera le plus ce manque d'attachement à soi ; on ne se découragera pas dans les demandes, même quand on ne les verra pas exaucées, on se résignera aux pires calamités, à l'esclavage, par exemple, en disant : « *Oluwa Mbé* [20] », *Dieu est là* qui arrangera toutes choses quand il voudra, et de la manière qui lui plaira.

On rappellera encore le nom de Dieu quand on reconnaîtra dans un homme des qualités extraordinaires : « *C'est Dieu*, lui dira-t-on, *qui vous a donné tout cela.* » On aura plutôt confiance dans les moyens surnaturels que dans les moyens humains ; « *aide-toi, le ciel t'aidera* » est à peine compris par ces gens. Aussi

---

[20] En langue yoruba.

ne s'irritent-ils pas contre le médecin qui n'obtient pas une guérison ardemment espérée ; ils le remercient des soins qu'il a prodigués... le succès ne dépendait pas de lui.

Assurément, certains savants qui ont recherché chez les primitifs des arguments contre la religion révélée, n'ont point vu cela chez les indigènes ; cherchant à atteindre le christianisme, ils ont voulu abaisser toute religion et ils se sont complu à expliquer les mouvements de l'âme, si beaux même parmi les fausses croyances, par le culte des « totems » (animaux). Ils ont cherché aussi à diminuer la valeur de la moralité des indigènes en donnant le nom de « *tabou* » à tout ce que la délicatesse de leur conscience leur interdit, en vertu des traditions ou des défenses des divinités.

Mais nous ne pouvons pas les suivre, nous qui constatons que ces pauvres gens ont entre les mains, certes de l'or, de l'encens, de la myrrhe, c'est-à-dire de réelles qualités morales et religieuses, mais qu'ils les offrent, hélas, et c'est là leur erreur, à des dieux qui ne sont pas le vrai Dieu.

Faut-il avoir peur de dire que des païens, de bonne foi, apporteront, en venant au christianisme, des qualités que le Christ Jésus aime à reconnaître dans ceux qu'il voit sous l'arbre de l'attente comme il voyait Nathanaël[21] sous le figuier, qualités qui feront de ces nouveaux chrétiens des fidèles dignes de ce nom ? Venant du fond de tant de siècles de souffrance, invoquant de fausses divinités, mais priant, soumis à des lois de crainte, mais obéissant, ces élus iront au Christ comme le voyageur altéré va à l'oasis, le marin désemparé, au port enfin retrouvé.

En écrivant ces lignes, je revois en esprit ces chrétiens qui ont été les heureux parents des jeunes religieuses dont je parle. Tous avaient été baptisés étant adultes et cependant ils étaient des chrétiens de la meilleure qualité. J'aime à me souvenir en particulier du père de la Sœur Eugénie, Eugène Okoko. Modèle accompli de l'auxiliaire du missionnaire, catéchiste, maître d'école, interprète, directeur d'orphelinat, conducteur de travaux agricoles, il apportait dans ces différentes fonctions tantôt la qualité d'un chef, tantôt celle d'un exécutant, ce qui faisait dire à

---

[21] Nathanaël : Évangile selon St Jean 1, 48.

son Supérieur, le R. P. Landais[22] : « *Eugène vaut pour moi un missionnaire.* » Et quelle discrétion, quelle politesse, quelle conscience toujours en éveil ! …

Cet homme vivait de la vie surnaturelle, on le devinait à son extérieur même, et il est mort comme un saint, laissant derrière lui le renom d'une vie exempte de fautes et remplie des actes d'édification et de charité les plus éminents. Il était fils d'une païenne que j'ai baptisée à un âge assez avancé.

Au confluent des eaux de la grâce et des courants de la nature primitive

Nous avons vu plus haut que des religieuses étaient nécessaires pour pénétrer dans les milieux féminins dahoméens particulièrement réfractaires à toute influence extérieure. Nous comprendrons mieux cette nécessité sachant ce que nous savons des chrétiens et des païens.

« *Chez nous*, écrit Sœur Eugénie, *pour devenir ami des malheureuses, il faut savoir s'intéresser à leurs récits, les écouter jusqu'au bout.* »

Les écouter, assurément, mais surtout les comprendre, c'est-à-dire admettre leur logique, partager leur sentimentalité, avoir des conceptions semblables sur la vie et ses malheurs, sur Dieu et sa justice.

Que dis-je, prévoyant tout ce qui va lui être raconté, la Sœur indigène doit aller au-devant des confidences et entamer la sérieuse, la profonde conversation qui va l'introduire au milieu du passé des pauvres vieilles. C'est ainsi que la Sœur Marguerite-Marie, ayant rencontré une pauvre femme, lui demande son âge, s'enquiert de son logis. Les deux femmes partent ensemble eu causant. Le cœur est gagné, non parce que la Sœur a fait l'acte de charité d'aider la pauvresse à regagner sa demeure, mais parce qu'elle lui a dit en chemin des vérités qui lui ont plu : c'est Dieu qui a fait le monde ; ce sont les hommes qui ont rendu mauvais le séjour de la terre ; le péché aussi est une mauvaise chose ; ce qui est consolant, c'est la vie qui suivra celle-ci ; ce qui est consolant

---

[22]*Louis Landais* (1860-1920), prêtre des Missions Africaines en 1883, missionnaire à la Côte du Bénin : Porto- Novo, Tokpo, Oyo, de 1886 à 1920.

encore, c'est que rien n'arrive sans la permission de Dieu. Et l'on continue à philosopher de la sorte, suivant la coutume du pays, avec ces expressions ou ces images, ces citations de proverbes ou ces allusions morales qui sont familières à la pauvre païenne.

La haute spiritualité chrétienne voisine là avec la simplicité des cœurs ingénus et l'on pourrait transcrire des dialogues qui nous rappelleraient la conversation du centurion avec le Seigneur[23].

Le jour de la mort de Sœur Marguerite-Marie, une pauvre vieille qu'elle avait recueillie, catéchisée et baptisée et à qui on n'avait pas annoncé la fatale nouvelle, se présente tout à coup, venant à pas pressés du village : « *Quelque chose vient d'arriver* », dit-elle toute émue et constatant d'ailleurs, la tristesse des visages. On la conduisit près du lit mortuaire, et là, s'adressant à la chère défunte, elle lui dit à haute voix : « *C'est toi qui m'a faite chrétienne, c'est toi qui m'as amenée dans cette maison… cette nuit encore tu es venue me voir… tu m'as fait faire ma prière avant de me quitter…* »

Les pressentiments, les rêves, les accidents, les rencontres du hasard, quel aliment pour ces âmes qui ne cherchent qu'à surprendre les secrets de Dieu sur eux ! Nous pourrions croire à de la superstition, à une certaine débilité de l'esprit ; mais non, il n'y a chez ces pauvres gens qu'un sens inné du spirituel, celui de la soumission des lois physiques à la vie des âmes, une grande droiture d'intention et surtout cette confiance dans l'intervention du monde surnaturel en faveur des êtres humains.

Tout leur est dû par Dieu semble-t-il, par Dieu seul qui est vraiment bon. Nos chères religieuses elles-mêmes vont nous donner un exemple de cette assurance ingénue dans la prière.

L'une d'elles raconte leur visite dans les villages : « *S'il y a des malades, très malades, qui reçoivent bien notre parole, nous les baptisons. Au commencement je disais au bon Dieu : 'S'il Vous plaît, mon Dieu, mettez-le bien vite au Paradis, parce que, s'il guérit, peut-être ne mettra-t-il pas les pieds à l'église, et il retournera au culte des fétiches.' Le bon Dieu nous exauçait. Mais les gens ont dit que nous avions de l'eau qui tuait les vieillards. Pour les rassurer, nous avons pris l'eau de leurs jarres pour les baptêmes. Malgré tout, ils nous cachaient leurs malades, et nous ne baptisions plus personne. Il a fallu changer un*

---

[23]Voir Évangile de Luc 7/1-10.

peu notre prière et demander que les vieillards aillent au ciel seulement trois semaines après le baptême. Maintenant que c'est comme cela, c'est très bien ! »

Faut-il sourire à cette candeur ? Peut-être un peu ; mais, si l'on commence, il faudra sourire souvent, et l'on finirait par avoir tort.

Combien de fois n'arrive-t-il pas que nos fidèles viennent nous demander des messes d'actions de grâces ! Ils avaient demandé, ils ont obtenu. Ils n'ont pas hésité à demander ce qui était inutile ou impossible, du moins à nos yeux, et les évènements se présentent d'une telle manière qu'ils peuvent se croire exaucés. Pourquoi ne le seraient-ils pas ?... Dieu ne juge-t-il pas nécessaire des miracles permanents dans ces pays où les fausses religions entourent leurs adeptes de mystérieux stratagèmes et d'habiles interventions ?

Ce qui fait la qualité de cette confiance d'une part, de cette reconnaissance d'autre part, c'est la soumission avec laquelle on accepte de n'avoir pas été exaucé, ou la persévérance à demander ce qu'on désire obtenir.

À chaque instant, nous trouvons sous la plume des religieuses indigènes des phrases qui expriment nettement que, négligeant l'influence des causes secondes, elles remontent directement à celui qui est le Maître absolu des hommes et des évènements, faisant passer dans le langage chrétien des expressions toutes préparées déjà par l'humilité primitive. « *Oluwa l'ose – Oluwa m'bé – Oluwa !* [24]*– C'est Dieu qui l'a fait – Dieu est là – Dieu !* »

La Sœur Marguerite-Marie parle-t-elle de la naissance de sa sœur, elle dira : « *Jésus daigna par sa volonté donner à mes parents un quatrième enfant.* » Raconte-t-elle l'accueil favorable qu'elle reçoit dans les villages : « *Nous voyons bien que Dieu nous conduit* », écrit-elle ; comme c'est l'habitude de le faire dans ces races, elle interprètera tous les évènements, les petits et les grands, les bons et les mauvais, comme des manifestations de la volonté de Dieu qui permet, défend ou tolère. Mais la jeune chrétienne, croyant être dans le vrai, s'écriera un jour, devant la constatation de la

---

[24] En langue yoruba.

faiblesse ou de la malice humaine, devant le néant de ses mérites, l'inutilité de ses efforts : « *C'est Dieu qui a tout créé, nous ne sommes pas capables de créer autre chose que le péché.* »

La Sœur Eugénie écrit à T. R. Mère Supérieure générale des religieuses qui sont chargées de la formation de la petite communauté dahoméenne : « *Jésus vous a donné un cœur bien généreux pour nous* », parce que la T. R. Mère avait envoyé de Rome une faveur spéciale à ses filles lointaines. Elle ne dit pas : « *Vous avez été bien généreuse pour nous* », car on ne s'exprime pas de cette manière dans ces langues où toutes les qualités, tous les succès sont attribués à la munificence du Seigneur.

Devinez-vous quelle garantie l'on prend de cette manière contre la vaine gloire, la complaisance en soi-même, l'amour-propre ? Vous rendez-vous compte également de la juste place que l'on donne aux créatures et au Créateur en rendant ainsi à Dieu ce qui est à Dieu ? Et quelle simplification dans les rapports avec le prochain ! ...

Un homme apparaît-t-il particulièrement doué, intelligent, artiste, aimable, bon, sage, c'est Dieu qui lui a départi ces richesses intellectuelles ou morales. Sans doute, cette vérité n'est pas nouvelle ; mais, dans bien des pays, ni l'heureux bénéficiaire de ces dons, ni ceux qui en pourraient être jaloux n'ont, comme en Afrique, la notion, je dirais « actuelle » de l'ordre des choses en ces circonstances.

Pour être juste, il faut ajouter que les indigènes ont un raisonnement presque identique quand il s'agit du mal auquel on est entraîné par le démon : « *C'est le diable qui m'a tenté* », disent les enfants surpris une première fois à voler.

Nous trouvons là l'origine de la tolérance qui est témoignée aux coupables. Une lettre de Sœur Eugénie nous éclaire à ce sujet ; cette lettre, adressée à la T. R. Mère Supérieure générale fait allusion aux déprédations criminelles de la guerre (il s'agissait de la communauté établie à Liège) : « *Ma Mère, j'ai appris que votre maison est gravement menacée. Cela m'a causé bien de la peine. Mais ma Mère, rien n'est impossible à Dieu* ». Et après cette phrase l'on s'attend à ce que la jeune indigène parle du juste retour des choses d'ici-bas, de sanction, de compensation du moins à ces malheurs. Écoutons-la : « *Lui-même sait comment ses enfants ont besoin d'être instruits et conduits dans la bonne voie. Ceux qui persécutent et ceux qui ont besoin d'instruction, tous ont été sauvés par Jésus sur le Calvaire. Vraiment Dieu ne laissera pas les uns sans l'instruction, et les autres toujours dans l'adversité. »*

Ne nous trompons pas sur la qualité de cet optimisme, qui n'est point un fatalisme facile, mais l'expression de la foi en la puissance et en la miséricorde de Dieu.

Il signifie encore que pour ces vierges chrétiennes tout revient à être dans l'amitié de Dieu. La religion n'a pas d'autre but et les hommes ne peuvent pas se proposer une chose meilleure que la pratique ou la connaissance de la vraie religion.

Les vérités du dogme, quelle nourriture pour ces âmes qui ont derrière elles des siècles d'ignorance religieuse même quand la vie religieuse était intense ! Ce qui leur paraît le plus beau dans le christianisme, ce sont ces exposés sans fin d'une doctrine qui a les multiples aspects de l'Ancien, du Nouveau Testament, des Actes des Apôtres, de l'histoire de l'Église. Aussi, comme les catéchumènes boivent nos paroles, même les plus modestes d'entre eux, les paysans des campagnes les plus reculées ! …

Il y a quelques temps, je recevais d'une Sœur indigène une lettre dans laquelle elle me faisait part d'un reproche amer qu'elle avait reçu de l'un de ses supérieurs. Je transcris le passage qui concerne ce reproche : *« Quand j'ai reçu cette lettre et que j'eus pris connaissance de son contenu, je me suis mise à genoux et j'ai remercié le bon Jésus de ne m'avoir pas épargnée. »* Cependant l'épreuve est dure pour la pauvre enfant ; plus loin elle ajoute : *« L'idée m'est venue de demander une permission pour m'absenter quelques jours, mais je ne fuirai pas la croix »*.

On ne pourrait comprendre cette résignation, ce détachement sans l'explication de la sincérité et de la profondeur de la piété de nos nouvelles chrétiennes.

La piété suffit à tout, là plus qu'ailleurs. Elle est le regard de ces âmes qui, grâce à elle, voient nettement où est le devoir ; elle est aussi leur force, et c'est pour cela que nous les voyons atteindre de véritables sommets de perfection dès le début de leur vie religieuse, parce que leur foi toute neuve est insatiable et qu'elle n'est pas arrêtée, peu du moins, par le poids de l'analyse des sentiments, du respect humain, de la recherche de soi …

Les Noirs de certaines régions éclairent leur conduite avec des principes directeurs qui gravitent autour de la soumission à la volonté de Dieu, du respect de la tradition, de l'obéissance aux chefs, de la confiance dans les parents âgés. Cette sagesse, qui est en contradiction, non avec plus d'intelligence, ni avec plus de liberté, mais avec l'individualisme européen, leur rend les plus grands services. Voici sa limite extrême : il n'est pas rare que nos chrétiens ayant reçu une semonce sévère, mais juste, viennent nous retrouver le lendemain pour nous dire : « *Adupé ana,* [25] *merci d'hier* ». Vous m'avez grondé, c'est vrai, vous m'avez puni, mais c'était pour mon bien et je vous en remercie.

Que vont devenir de telles âmes dans la vie religieuse ?

Il semble bien que tous les espoirs soient permis : tout ce qui est prière va les fasciner, si je puis m'exprimer ainsi ; Sœur Marguerite remarque tout de suite, en arrivant à l'école, une religieuse qui a laissé une grande réputation de vie intérieure. Voici comment elle en parle : « *Quand elle priait, les yeux à moitié fermés, les mains jointes, vous auriez dit que c'était un ange* ».

Comme ce doit être bon de prier ainsi, se dit assurément cette enfant. Elle ne tarda pas à suivre un si bel exemple, à en juger par les notes de son « Journal » :

« *Le recueillement me faisait du bien* », note-t-elle au début ; puis plus tard : « *Dans le temps de mes recueillements, je ne m'occupais pas à me demander ce que je ferais dans l'avenir* ». Et enfin cette phrase angélique : « *Dans mon recueillement je contemplais mon Dieu* ».

Oui, ce dut être vrai, elle a contemplé Dieu, puisque Dieu a permis aux cœurs simples, aux cœurs purs, aux cœurs désintéressés de le voir : elle l'a prié comme l'ont prié toutes les âmes saintes de tous les temps, ces paysans, ces paysannes de nos campagnes de France, d'aujourd'hui peut-être, des temps passés certainement, sans remonter au fervent moyen-âge.

Cette communication avec la divinité produit nécessairement un désir de vie « plus intense », ou, pour mieux dire, de « sacrifice ».

L'épreuve vint enfin : une accusation injuste ; elle fut accueillie comme une rosée bienfaisante par cette âme fraîche et

---

[25] En langue yoruba.

délicate, qui en retira une grande paix et un désir plus efficace de souffrir.

Désormais, l'ascension ne peut être que continuelle : les grâces qu'elle reçoit ne suffisent plus aux grâces qu'elle mérite, parce que son humilité, son renoncement atteignent l'ingénuité des enfants, tels qu'ils nous ont été présentés comme modèles par Notre-Seigneur. Le travail de sa sanctification suit un chemin tranquille, apaisé et généreux, ravi et plein de contraintes. Aussi écrira-t-elle, faisant allusion à des choses mystérieuses et douces auxquelles Notre-Seigneur a donné de grands noms, dans le Sermon sur la Montagne[26] : *ils verront Dieu, ils posséderont la terre, il leur sera fait miséricorde, etc.*, elle écrira donc : « *Maintenant tout va un peu mieux dans mon âme, depuis que je me suis pleinement abandonnée à Jésus. Il m'attire toujours vers son divin Cœur.* » - « *Depuis que Jésus m'a fait comprendre comment lui seul peut suffire à mon âme, je ne compte pour rien l'amour des créatures.* »

Quelle netteté dans l'affirmation ! Elle comprend, c'est-à-dire, elle a vu, parce qu'il s'agit bien d'une claire perception, elle a vu que Jésus seul suffit. Ne croirait-on pas entendre les Sainte Agnès, les Sainte Cécile parler de ce même Jésus ?
Oui, la petite Dahoméenne dont la destinée, à une génération près, s'enfonce dans le paganisme, la petite fleur noire a trouvé Jésus, parce qu'elle l'a cherché dans le renoncement à soi, dans l'humilité de la condition, dans l'exaltation de la confiance, dans l'enivrement du sacrifice, qualités et vertus que Dieu demande à ceux qui désirent s'unir à Lui intimement et dans cette vie et dans l'éternité.

---

[26]Voir Évangile de Matthieu 5/3-12.

HISTOIRE D'UNE VOCATION :
« MÉMOIRE »

Ce document qui se trouve aux Archives des Missions Africaines à Rome sous la cote 3H30 n'est ni daté, ni autrement signé. Il est adressé par le père Aupiais à la Mère Supérieure Générale Notre Dame des Apôtres pour appuyer la demande d'admission d'une jeune fille de Porto-Novo dans sa Congrégation.

La jeune fille dont il va être question dans ces notes est la sixième et avant-dernière enfant, issue du mariage légitime d'Augustin C. et de Thérèse B., mariage qui fut l'un des premiers de la mission de Porto-Novo.

À cette époque, la réception du Sacrement de mariage constituait un acte de courage chrétien auquel tous les cœurs n'étaient pas appelés, aussi les ménages unis légitimement étaient-ils entourés d'une estime particulière qui conférait aux époux un rang social très élevé. Augustin C. et Thérèse B. s'étaient fait une place particulière parmi les chrétiens de Porto-Novo pour d'autres raisons encore : tous deux appartenaient à des familles chrétiennes où la Foi commençait à être une tradition.

Augustin C. se faisait remarquer par une grande intelligence des Affaires, une réelle supériorité de caractère avec une tendance à l'exercice d'une autorité absolue, tendance qui devint souvent de la violence, de l'arbitraire, dans ses rapports avec les membres de sa famille, ses frères, neveux, sœurs, belles-sœurs (il était chef de famille), avec ses enfants et surtout avec sa femme.

Thérèse B., sa femme pour laquelle il eut toute sa vie la plus grande estime a beaucoup souffert néanmoins des violences de caractère de son mari. Une douceur native, un grand sentiment de résignation chrétienne l'aidèrent à supporter une vie qui fut une sorte de martyre domestique.

Augustin C., par l'exemple qu'il donnait des vertus chrétiennes, par ses nombreuses aumônes aux pauvres et ses dons très généreux à l'Église et Thérèse B. par le mérite de son inaltérable douceur méritèrent de recevoir les Bénédictions du Seigneur. Ces Bénédictions ce furent leurs enfants :

7 enfants vivants : 4 garçons, 3 filles.

Élevés chrétiennement, ces enfants devinrent facilement d'excellents chrétiens, d'excellentes chrétiennes, fait unique probablement en Afrique Occidentale.

Les 4 fils se sont mariés légitimement, l'ainée des filles aussi ; les deux filles plus jeunes ont voulu être religieuses, l'une le veut encore.

Tous ont une foi éclairée et vive, un respect et un dévouement sans bornes pour les Missionnaires et leurs œuvres.

Tous aussi sont remarquablement doués au point de vue de l'intelligence ; ils ont reçu du ciel d'autres dons assez rares en pays noir : des goûts artistiques pour la musique, la peinture, etc.

Enfin les enfants d'Augustin C. et de Thérèse B. offrent l'exemple d'une famille très unie. Il est même arrivé parfois que leur affection les uns pour les autres les a aveuglés sur leurs fautes respectives. Cette affection a pour bases un certain amour-propre de famille, un grand respect pour leurs parents, et surtout de grandes affinités dans le caractère et les goûts. Cependant ils ne se ressemblent pas tous, les uns tenant du père, les autres de la mère.

Thérèse C. dont il va être uniquement question désormais a reçu les dons particuliers de la famille C., vive intelligence, fierté naturelle du caractère, esprit de solidarité familiale ; sa grande piété et l'influence de sa mère ont commencé depuis longtemps d'atténuer ce qui devient facilement un excès avec de telles qualités. Car sa mère a beaucoup contribué par ses exemples et ses enseignements à former son caractère ; elle lui a appris en particulier la patience dans les contrariétés, la soumission à ceux qui exercent l'autorité et surtout elle a développé son intelligence des situations et des personnes, intelligence qu'elle avait elle-même acquise à force de s'effacer et de comprendre, dans sa vie, très mouvementée de mère de famille.

Les deux femmes ont toujours eu l'une pour l'autre une estime particulière : la mère est la confidente de la fille, ce qui est peu fréquent parmi les indigènes ; la fille à son tour est la conseillère de la mère ; elles ont entre elles des conversations longues, confiantes et très souvent utiles. Actuellement, elles gouvernent la famille, tellement elles se sont imposées au respect et à l'affection des autres enfants d'Augustin C. par la dignité de leur vie, leur piété et la part qu'elles savent prendre aux tristesses des uns, aux défaillances des autres.

Thérèse C. aux yeux de ses frères et sœurs a de plus le prestige de s'être consacrée aux pauvres et aux œuvres de catéchisme depuis 14 ans, et de vouloir se consacrer à Dieu définitivement par la vie religieuse. Vers la fin de 1909, en effet Thérèse C. qui était certes une jeune fille sérieuse et chrétienne mais vivant selon le monde eut une sorte de conversion.

Subitement, elle renonça à la toilette, aux bijoux, aux conversations frivoles, aux projets de mariage, fréquenta assidument l'église matin et soir, eut des heures de prière à la maison, visita les pauvres.

Elle fit comprendre à ses parents et à son entourage immédiat qu'elle renonçait au monde ; et il faut dire à la louange de son Père et de sa Mère qu'ils ne s'opposèrent jamais aux projets de leur fille, qu'ils furent toujours prêts à les favoriser donnant par là un exemple unique au Dahomey d'esprit chrétien.

Depuis 1909, Thérèse C. ne s'est pas départie de sa première ligne de conduite ; l'on pourrait dire qu'elle n'a connu aucune défaillance. Chaque jour, ce sont les mêmes prières à l'Église ou à la maison, faites sans doute, peu à peu, avec plus de méthode, plus d'esprit surnaturel et plus de résultats.

Chaque jour, ce sont les mêmes visites aux pauvres à qui elle apporte, en même temps que sa gaieté charitable, quelques aumônes, des soins intelligents ou délicats et l'enseignement de la Doctrine chrétienne. Il serait difficile de dire de combien d'actes méritoires fut remplie cette vie de visites aux pauvres : les malades ou les vieillards habitent parfois de véritables taudis, croupissent dans une saleté répugnante, se montrent d'un caractère hargneux ou cupide. Thérèse C. est familiarisée avec toutes ces misères humaines ; elle sait comment il faut s'y prendre pour adoucir l'amertume de cœur de ces pauvres vieillards qui aiment à se raconter, elle sait comment on aborde la question de la Religion avec ces païens endurcis, elle sait enfin comment l'on fait un peu d'ordre et de propreté dans ces pauvres cases.

Le nombre de Baptêmes qu'elle a fait faire aux Missionnaires est considérable. On ne sait d'ailleurs ce qu'il faut admirer le plus, ou des résultats obtenus par son action si évangélique, ou de la parfaite simplicité, de la grande modestie avec lesquelles elle obtient ces résultats.

Thérèse C. ne fait pas que visiter les vieillards abandonnés, pauvres ou malades, elle exerce encore une grande action parmi les chrétiens. On a vu que sous l'influence de sa mère et de sa vie familiale elle s'était exercée à pénétrer les cœurs, à conduire les autres ; en effet, elle donne des conseils toujours écoutés, sinon toujours suivis, à de nombreuses jeunes filles, elle est acceptée comme arbitre dans bien des querelles intestines ; on pourrait citer plusieurs ménages dont elle est l'unique lien, donnant avec beaucoup d'habileté les conseils les plus difficiles et les plus opportuns soit à la femme soit au mari.

Il a paru à des Missionnaires qu'il serait très utile et peut-être nécessaire, et peut-être préférable que Thérèse C. restât dans le monde au lieu de se consacrer à Dieu par la vie religieuse.

Mais une jeune fille, même avec tout le respect que celle-ci inspire à la population entière de Porto-Novo, une jeune fille reste toujours isolée et insuffisamment protégée dans ces pays, quand elle ne porte pas un costume religieux. D'autre part, toutes ces œuvres de charité accomplies par Thérèse C. ne sont pour elle que des fins très secondaires, des moyens plutôt, pour obtenir la fin principale : la Vocation. Enfin la vie religieuse ne privera pas tout à fait Porto-Novo de son concours puisqu'elle y laissera le souvenir de son existence de charité et de dévouement et puisqu'elle continuera de prier pour ses chers vieillards.

Il semble donc que l'on doive prendre en considération les désirs formulés par cette jeune fille et croire, sinon qu'elle a reçu la Vocation, du moins qu'elle a mérité de recevoir ce don.

C'est ici que les difficultés surgissent. Pour des raisons graves, son entrée au Noviciat des Sœurs Noires de Calavy a été impossible dès les débuts de l'œuvre du Père Barril. Cependant en 1916 Thérèse C. croyant sa vocation menacée (et elle le fut en effet) voulut à tout prix lui chercher un refuge. Elle le trouva momentanément à Calavy. Mais les raisons particulières qui l'avaient empêchée d'y entrer dès l'abord l'en firent sortir, volontairement d'ailleurs et avec les meilleurs témoignages. Il faut ajouter que certaines difficultés de personnes ne furent pas étrangères à ce départ.

Où trouver désormais une Congrégation qui pût admettre cette jeune fille indigène ? et si l'on pense aux Congrégations existant en France, quelle congrégation choisir ? Pour Thérèse C. il suffirait qu'on lui assure la Vie Religieuse pour qu'elle se passât de choisir.

Mais la Congrégation de Notre Dame des Apôtres pourrait peut-être s'intéresser au sort de cette enfant qui a été exclusivement formée par ces Religieuses et qui est une fleur directe de leur Apostolat. Elle pourrait peut-être même le régler, pour le plus grand bien de cette âme, pour le bien des Âmes et pour son propre avantage. Thérèse C. ferait assurément un Noviciat très édifiant et son exemple serait un argument très pressant entre les mains d'une Maîtresse des Novices.

Elle donnerait aussi du courage aux pessimistes ou du moins aux découragées en laissant entrevoir quels résultats les Religieuses Missionnaires obtiennent. Et ceci serait encore très consolant pour les bienfaitrices des œuvres apostoliques qui rendent souvent visite à la Maison-Mère.

Thérèse C. serait capable de préparer un examen comme le brevet, elle serait apte à suivre des cours d'infirmière ; ou l'on pourrait l'appliquer à des travaux féminins pour lesquels elle a beaucoup de dispositions.

Ne pourrait-elle pas aussi donner des leçons de langues indigènes aux Novices, puisqu'elle connait les langues de deux Vicariats Apostoliques : le Bénin[27] et le Dahomey ? Après 8 ou 10

---

[27] À cette époque, le vicariat apostolique appelé Baie du Bénin comprend la partie occidentale du Nigéria actuel.

ans de présence à la Maison-Mère n'aurait-on pas le droit d'espérer qu'elle pourrait utilement revenir en Afrique, particulièrement pour recréer, ou pour réorganiser l'œuvre des Sœurs Noires ?

Le champ serait vaste pour une Religieuse, noire, pieuse, intelligente, instruite, déracinée des habitudes indigènes (qui sont toujours païennes) dans ce domaine spécial des Congrégations indigènes. Le champ serait vaste aussi pour elle dans le domaine strict de l'Apostolat.

Cet exposé un peu long de l'histoire d'une vocation aurait atteint pleinement son but s'il attirait l'attention de la Très Révérende Mère Supérieure et si elle daignait mettre à l'étude la proposition qu'il contient, en même temps que faire prier pour cette âme que Dieu semble avoir marquée de son signe pour le bien des Âmes.

LES RELIGIEUSES INDIGÈNES EN AFRIQUE

Ce texte qui se trouve aux Archives de la Maison Générale des Missions Africaines à Rome sous la cote 3H29 (Père Aupiais) n'est lui aussi, ni autrement signé, ni daté. Au début de son intervention, le père Aupiais parle cependant du père Barril, fondateur des Petites Servantes des Pauvres, qui aurait été plus à même, selon le père, de faire cette présentation ; mais il dit qu'il vient de repartir pour sa mission. Or ce père Barril a bien séjourné en France pendant l'année scolaire 1928-1929, avant de regagner le Dahomey. On peut donc raisonnablement dater ce texte de la fin de l'année 1929, ou du début de 1930. De plus il reprend nombre de passages et d'idées de son Introduction à l'ouvrage 'Deux Sœurs Noires' que nous avons présentées ci-dessus, ouvrage qui vient alors de paraître.

Le titre du présent rapport vous a peut-être fait supposer que son auteur traitera devant vous la question complexe de l'institution, des résultats, des aspects, de l'avenir des Congrégations Indigènes en AFRIQUE. Détrompez-vous !

Je ne sais pas si les éléments d'information qui seraient ici nécessaires ont été réunis, mais je n'aurais eu ni le temps, ni la capacité de les mettre en œuvre. Et d'ailleurs, une pareille synthèse est peut-être particulièrement difficile à un missionnaire qui ne connait qu'une partie bien limitée de la Vigne du Seigneur, la Mission qui lui a été confiée.

Je voudrais seulement vous présenter ce qui a été réalisé au Dahomey en fait de Congrégation et rechercher, à propos d'un groupe très restreint de Religieuses Indigènes, quelles sont les possibilités de vocations religieuses de nos premières communautés chrétiennes et quelles sont les caractéristiques de ces vocations, à en juger par un exemple très typique : celui d'une jeune religieuse indigène morte saintement au Dahomey et à qui on avait demandé d'écrire un court mémoire sur son existence.

Le présent rapport aurait dû être rédigé par le Fondateur du Nouvel Institut, le R. P. Barril, mais il vient de repartir pour sa mission. Les Religieuses du Carmel de LISIEUX regretteront particulièrement que ce missionnaire n'ait pas fait ce travail, car il aurait pu indiquer mieux que personne la place qu'a tenue dans la formation spirituelle des Sœurs Noires du Dahomey, l'enseignement spirituel donné par Ste Thérèse de l'Enfant Jésus.

Le début de l'œuvre des Sœurs Indigènes au DAHOMEY date de l'année 1910, c'est-à-dire cinquante ans environ après l'installation des Missionnaires dans ce pays et vingt ans après que l'exercice du culte et la conversion fussent devenus libres.

L'œuvre des Sœurs Indigènes était nécessaire depuis longtemps parce que les milieux féminins indigènes offrent moins de prise à l'action des Missionnaires européens que les milieux masculins. La condition des femmes Noires n'est point, certes, celle des femmes musulmanes qui sont généralement recluses.

Mais, si les femmes noires ne sont pas isolées du reste du monde par les murailles du harem, 1° - elles n'en sont pas moins protégées contre les contacts extérieurs par une vie très contrôlée, 2° - l'éducation qu'elles reçoivent dans les maisons d'initiation les rend tout à fait hostiles à tout ce qui est étranger, à tout ce qui est nouveau, 3° - elles sont plus confinées que d'autres femmes dans les soins de la maternité, ce qui les sépare même de leur milieu.

Comment franchir de telles barrières, aborder de telles hostilités dans un pays où il n'y a pas d'indigents, la terre nourrissant ceux qui la cultivent, où la pharmacopée indigène suffit aux maladies ordinaires, où le recours à la divinité guérit les autres ou aide à les accepter.

La Sœur européenne, même bienfaisante ou munificente y arrive non sans peine. Les Sœurs indigènes, puisant dans la connaissance des usages des sujets de conversation difficiles à éviter, obligent les femmes païennes à leur faire accueil, comme l'expliquait l'une d'entre elles.

Mais, il n'y a pas qu'à aborder les femmes païennes, il faut les instruire, répondre à leurs questions. Qui pourra mieux le faire que cette religieuse qui n'ignore rien des secrets d'une langue, assez souvent fort habile, qui connait le genre de raisonnement qu'il faut à ces femmes assez souvent fort disertes ?

Nous verrons plus loin les raisons plus profondes encore de la nécessité de l'institution des Sœurs Indigènes.

Démontrer qu'une œuvre est nécessaire c'est prouver qu'elle est possible quand il s'agit du salut des hommes, puisque celui-ci dépend d'un Dieu qui nourrit les petits des oiseaux, qui a placé dans la nature le remède près du mal, et qui a préparé depuis longtemps les voies à l'Évangélisation de ces populations, par les admirables dispositions qu'Il a lui-même conservées au fond de leur cœur avec un soin jaloux.

Oui, les vocations féminines seront possibles dans ces pays où, depuis des siècles, de malheureuses mères connaissent toutes les douleurs du honteux trafic de l'esclavage, où tant de pauvres femmes ont été enlevées, vendues, après avoir été séparées, quand elles étaient jeunes, de leurs parents ; quand elles étaient âgées, de leurs enfants.

Les larmes et le sang de l'AFRIQUE, des femmes de l'Afrique en particulier, appellent sur ces déshéritées une pitié qui se traduira, de la part de Dieu, par sa miséricorde pour les âmes. Cette miséricorde s'est manifestée quand un Missionnaire a lancé, en 1910, un appel en faveur de la vie Religieuse. Quelques jeunes filles et quelques jeunes femmes se sont trouvées prêtes à répondre immédiatement.

La nouvelles Congrégation eut des débuts modestes et difficiles, comme il convient. Mais les Sœurs persévérèrent, furent profondément édifiantes, réussirent admirablement dans l'œuvre de l'assistance aux vieillards à domicile, qu'elles avaient entreprise, et l'opinion fut conquise.

C'était une chose bien nouvelle dans notre ville de Porto-Novo de les voir aller de case en case, dépistant les vieillards abandonnés. Il y en avait beaucoup, surtout par suite de l'abolition de l'esclavage qui avait libéré sans doute, mais isolé aussi, beaucoup de pauvres gens.

Je les ai accompagnées bien des fois, et je puis témoigner que ces nouvelles Sœurs de Charité ne montraient aucun embarras pour soigner, réconforter leurs chers protégés ; et elles faisaient preuve parfois de beaucoup de patience et de dévouement pour conserver leur calme et surmonter leur répugnance devant certains caractères aigris par le malheur et devant certaines infortunes physiques.

D'autres jeunes filles vinrent se joindre à la petite communauté qui, entre temps, s'était transportée à Ouidah, puis à Calavy. On peut dire que le dévouement extérieur, la ferveur à l'intérieur, croissaient avec l'âge du nouvel Institut et le nombre de ses adhérentes.

Deux recrues avaient notamment enrichi, par l'apport de leurs trésors spirituels, le patrimoine surnaturel de la petite communauté, les Sœurs Marguerite-Marie et Eugénie, qui furent d'une telle piété que l'on craignît bientôt qu'elles ne fussent mûres pour le Ciel. Ce qui arriva, en effet : le Bon Dieu les enleva en quelques semaines à la petite communauté des Sœurs Dahoméennes.

Avant de mourir, l'une d'entre elles, la Sœur Marguerite-Marie, rédigea une sorte d'autobiographie. Je me suis servi de ce récit limpide comme l'âme de la petite sœur elle-même pour rédiger le présent rapport.

Résumé de la vie de sœur Marguerite-Marie

Hélène Adolphe fut élevée par une mère pieuse qui vivait seule dans un village de païens. Le travail européen auquel était attaché le père d'Hélène le tenait éloigné de la maison. Une sœur aînée était interne chez les Religieuses ; une petite sœur n'était pas encore en âge de tenir compagnie à sa maman.

Dans la pauvreté, dans l'isolement où la mère et l'enfant vivaient, loin des Missionnaires, de l'église, des chrétiens, de leurs parents eux-mêmes, elles éprouvaient le besoin de rechercher un appui en Dieu, et souvent en effet, elles priaient en commun, pour suppléer d'abord aux cérémonies liturgiques, puis pour remplir leurs devoirs de chrétiennes, enfin pour trouver dans le commerce divin la consolation réservée aux fidèles.

Quand Hélène fut mise chez les Sœurs, à son tour, presqu'au moment où sa sœur en partait, « *elle se tourne immédiatement vers la Sainte Vierge, le Sacré-Cœur, les priant de prendre soin d'elle.* », « *Partout où je rencontrai une image du Sacré-Cœur, je me trouvais toujours dans la joie intérieure* », écrit-elle dans le journal de sa vie.

Ses premières impressions se rapportent à la piété. Elle note en effet, que sa maîtresse fut la sœur Élesbaam et ce qu'elle en dit c'est qu'elle priait « *comme un ange* ».

Elle-même fait avec ferveur sa première Communion à l'âge de quatorze ans.

« *Le recueillement me faisait du bien ; pendant les récréations du soir on ne me voyait pas ordinairement avec les autres, je restais seule à quelque distance de mes compagnes ; quelquefois, j'invitais deux ou trois internes moins bavardes que les autres à venir auprès de moi, et nous causions ensemble sur la grandeur de Dieu. Je n'avais aucun goût pour les choses d'ici-bas.* »

« *Dans mon recueillement, je contemplais mon Dieu.* »

« *Pendant le temps de mes recueillements je ne m'occupais pas à me demander ce que je ferais ou gagnerais plus tard mais tout mon esprit s'occupait de Dieu et des choses de l'éternité.* »

« *D'ailleurs, j'aimais les choses simples. Quand ma sœur ainée était encore au pensionnat, les jours de fête, elle me mettait des colliers et des bracelets ; je ne disais mot de peur de la fâcher ; j'acceptais tout le premier jour, mais dès le lendemain je quittais tout cela et le remisais dans le casier où je rangeais mes livres et mon ardoise. Ma sœur me grondait en voyant cela mais elle n'osait plus me dire de mettre de parure, ce qui me donnait de la joie au cœur.* »

« *Je me souviens qu'à l'un de ces jours de fête où j'avais mis des chaînes d'or à mon cou et des bracelets à chaque bras, la Mère Supérieure m'envoyât porter une commission au R. P. Supérieur de la mission. Je ne le vis pas, mais je rencontrais un autre Père qui se promenait en disant son bréviaire.* »

« *Qu'est-ce que tout cela signifie à ton cou et à tes bras ?* »

« *À quoi cela sert-il ?* »

« *Allons, va mettre encore deux bracelets de chaque côté, il reste de la place.* »

« *Je compris avec une grande confusion. Il continua :* « *Une fille de chez les Sœurs doit être bien simple, sans vanité.* »

« *Quand j'ai été de retour à la maison, j'ai pris un couteau et j'ai coupé ce que j'avais sur moi.* »

« *Étant au pensionnat,* continue Joséphine, *je ne pensais pas à me marier mais je pensais à me donner à Dieu, à mon Créateur. Je n'en disais mot à personne et je gardais toute seule mon désir de me donner à Dieu.* »

« *Je n'étais pas bien sûre cependant de mon choix.* »

« *Dans mon livre de messe il y avait une prière pour garder sa vocation, je fus bien contente de la trouver et je me mis à la réciter chaque jour.* »

Et après une vie religieuse de quelques années, au cours desquelles la Sœur Marguerite-Marie donna l'exemple de l'effacement, de la charité, de l'union à Dieu et du zèle apostolique, voici les dernières notes de son journal, quelques jours avant sa sainte mort :

« *Ma croix est légère parce que Jésus, Marie et les saints au ciel m'aident à la porter.*

<u>Pentecôte</u> : « *Je suis toujours dans l'abandon, en paix, mais le corps souffre sans cesse la nuit comme le jour.*

« *La force me manque dans la prière. J'ai supplié le Saint-Esprit de venir à mon aide.*

« *La souffrance est bonne pour l'âme. Je suis toujours contente de souffrir. Je ne crains rien … ni la mort. Je crains de ne pas assez aimer Jésus. J'ai toujours confiance en Notre-Dame de Lourdes. J'ai beaucoup appris durant cette petite maladie. Dans la souffrance il faut avoir une grande confiance en Dieu, puis un peu plus de foi.*

« *Autant j'aime Dieu, autant j'aime les âmes. Pendant la maladie j'aimais beaucoup mes sœurs.* »

La veille de sa mort, le Père qui remplaçait le R. P. Barril absent, vint la confesser et il l'avertit que le Bon Dieu sans doute allait venir la chercher.

Elle lui fit comprendre qu'elle avait bien un peu de peine de mourir si tôt, mais qu'elle était en paix et ne voulait que la volonté de Dieu.

On lui demande ce qu'elle voudrait dire au R. P. Barril. Elle pût répondre : « *Dites que je suis bien abandonnée à la volonté de Dieu, et que j'ai bien confiance.* »

-0-0-0-0-

Si quelqu'un demandait quel est le principe de vie morale, qui a pu produire un tel exemplaire de sincérité, d'innocence, de dévouement, de piété, et si l'on répondait : le Christianisme, on ne se tromperait pas évidemment car, seule, la Grâce est capable de susciter des mouvements aussi extraordinaires dans les âmes, en ajoutant aux sentiments humains, tantôt une délicatesse, tantôt une profondeur, qui changent leur nature en les transportant sur un plan bien supérieur.

Mais, je voudrais essayer de rechercher les ressources que trouve la grâce dans les dispositions morales de ces âmes primitives.

Tous les Missionnaires ont eu cette agréable surprise, étant chargés de préparer des adultes et des enfants au Baptême, de trouver chez ces catéchumènes une bonne volonté, une obéissance, un zèle à s'instruire, une piété tout à fait remarquables.

Je parle évidemment de ces païens que nous rencontrons loin des centres urbains, dans les campagnes fortement traditionnalistes et profondément religieuses. Je parle encore de ces païens qui ne sont point islamisés. Je parle enfin de ces païens qui ne sont pas devenus des incroyants dans leur propre religion, au contact de l'indifférence religieuse des Européens. Je parle de ces braves paysans qui vivent partagés entre les devoirs de la vie familiale et les obligations religieuses sans qu'un doute ne s'élève jamais dans leur esprit sur la certitude de celles-ci, sur la force de ceux-là.

N'y a-t-il pas une sorte d'ingratitude de notre part quand on sait l'accueil qu'il nous font dans leurs humbles villages de les confondre avec le corps de leurs farouches féticheurs ; de ne pas distinguer leur vie particulière des folies collectives de certains états d'esprit comme celui des guerres qu'ils se livrent ou celui des fêtes qu'ils célèbrent avec trop d'exaltation religieuse, de mêler surtout leur nom à toutes les atrocités qui ont été commises parfois contre eux, comme l'esclavage, ou les sacrifices humains !

Ne devrait-on pas penser plutôt à ce qui caractérise véritablement leur état d'esprit par suite de l'influence qu'exercent sur tout homme les conditions matérielles de son existence, les institutions qui le régissent, le milieu dans lequel il vit, la mentalité propre à sa race, les apports moraux qu'il a reçus sans doute d'une conformité séculaire aux mêmes traditions.

Refusera-t-on, par exemple, aux Noirs de certaines parties de l'Afrique de les croire soumis à leurs chefs ? Cette obéissance va si loin qu'elle s'exprime par des salutations profondément respectueuses, inconnues ailleurs. Il est facile de dire que cette obéissance est servile, ou inspirée par la crainte ; il est moins facile de démontrer que des populations comme celles-là n'ont pas été sans tirer quelque profit moralisateur de l'ordre qui règne à l'extérieur et à l'intérieur entre les différentes classes de la Société, et dans une famille entre tous les membres.

Les Missionnaires qui ont dirigé des écoles primaires connaissent particulièrement cet esprit de discipline qui leur permet de faire observer si facilement à leurs élèves le règlement scolaire.

La première conséquence de cette disposition à la hiérarchie va se manifester dans toutes les circonstances où ces hommes sont réunis pour remplir une tâche commune, même la plus transitoire ou la plus modeste, <u>ils vont se donner un chef.</u> L'équipe de porteurs que vous avez prise pour transporter vos bagages de l'appontement de la lagune à votre maison aura constitué un délégué avant l'arrivée et, quand il s'agira de régler, un seul porteur s'avancera au nom de tous pour recevoir ou discuter le montant du salaire qu'il distribuera ensuite à ses compagnons.

Une autre conséquence de l'adaptation des Indigènes à la constitution du pouvoir ce sera leur esprit de société ; il faut entendre par là cette tendance à se réunir, à se soutenir, à mettre en commun les tristesses, les joies.

Pour nous représenter une telle existence, il nous faut penser à ces mouvements de foules qui, se rencontrant dans les pays européens, pourtant si individualisés, quand une grande circonstance patriotique, une grande fête religieuse, un malheur publique, une fête populaire font à une nation, à une ville, à une localité, <u>une âme unique.</u>

Comme ces populations paysannes, et pauvres d'ailleurs, ont entendu dire et ont compris qu'elles étaient les dernières dans l'échelle sociale et les plus inférieures au point de vue du progrès matériel, elles l'ont cru, et nous les avons vues prêtes à voir s'affirmer autour d'elles des supériorités bien arbitraires.

Leur manque de richesse, de salaire même, outre qu'il supprime en eux l'envie, les empêche d'avoir cette conscience de soi que donne le prix ou le nombre des choses possédées ; il comprime aussi le désir qu'ont les riches de satisfaire leurs désirs et il attaque dans sa source l'égoïsme.

Les individus vont perdre ce qui leur reste de personnalité dans la vie familiale qui est ainsi constituée que la famille comprend des villages entiers, où les unités disparaissent, et qu'elle est soumise comme un roitelet au chef dont le caractère très paternel a de la peine à apparaître au milieu du respect qui l'entoure et en raison de la sévérité qu'il montre.

On peut dire que rien n'appartient à ces adultes, adolescents, jeunes gens, hommes qui sont les membres de ces familles, rien ne leur est particulier, ni la profession qu'ils exercent et qui est le métier de tous, ni la couleur ou la forme des costumes qui sont ceux de la race ou de la tribu.

Le désintéressement, l'effacement qui naissent d'un tel état social frappent d'étonnement le missionnaire car celui-ci ne peut s'empêcher d'y reconnaître au moins un excellent gage de renoncement.

Les conséquences seront nombreuses de cette disposition de l'esprit : je note d'abord une tendance toute naturelle à la reconnaissance. Quand on a l'humilité de penser que rien ne vous est dû, comment n'aurait-on pas de la gratitude pour tout ce qui vous est accordé ? On a remarqué la politesse des indigènes ; elle est aussi le fruit de l'effacement des individualités.

Il en est de même de leur confiance dans l'étranger, de leur serviabilité.

Enfin cet effacement est la cause de cet admirable pratique des Indigènes qui ne s'énervent pas, qui ne manifestent jamais leur irritabilité contre les intempéries, les contretemps, les ennuis, les choses matérielles, les animaux.

Mais, c'est dans la religion que l'on admirera le plus ce manque d'attachement à soi ; on ne se découragera pas dans les demandes même quand on ne les verra pas exaucer, on se soumettra aux pires calamités, à l'esclavage, v. g. en disant :

Oluwambé, Dieu est là, qui arrangera toutes choses quand il le voudra et de la manière qu'il lui plaira.

On appellera encore le nom de Dieu quand on reconnaîtra dans un homme des qualités extraordinaires : c'est Dieu, lui dira-t-on qui vous a donné tout cela. On aura plutôt confiance aux moyens surnaturels qu'aux moyens humains : aide-toi le ciel t'aidera est à peine compris par ces gens.

Aussi ne s'irritent-ils jamais contre le médecin qui n'obtient pas une guérison ardemment espérée ; on le remercie de ses soins qu'il a donnés avec dévouement, le succès ne dépendait pas de lui.

Assurément, certains savants qui ont recherché chez les primitifs des arguments contre la religion révélée n'ont point vu cela chez les indigènes ; voulant atteindre le christianisme, ils ont voulu abaisser toute religion et ils se sont complus à expliquer les mouvements de l'âme, si beaux même dans les fausses croyances, par le culte des totems (animaux). Ils ont cherché aussi à diminuer la valeur de la moralité des indigènes en donnant le nom de « tabou » à tout ce que la délicatesse de leur conscience leur interdit, en vertu des traditions ou des défenses des divinités.

Mais, nous ne pouvons pas les suivre, nous qui constatons que ces pauvres gens ont entre les mains, certes de l'or, de l'encens, de la myrrhe, c'est-à-dire de réelles qualités morales et religieuses, mais qu'ils les offrent hélas, et c'est leur erreur et n'est-elle pas suffisante, à des dieux qui ne sont pas le vrai Dieu.

Faut-il avoir peur de dire que ces païens de bonne foi apporteront en venant au christianisme des qualités que le Christ Jésus aime à reconnaître dans ceux qu'il voit sous l'arbre de l'attente, comme il voyait Nathanaël sous le figuier, qualités qui feront de ces nouveaux chrétiens des Fidèles dignes de ce nom.

Venant du fond de tant de siècles de souffrance qu'ils ont traversés, invoquant de fausses divinités, mais priant, soumis à des lois de crainte, mais obéissant, ces élus iront au Christ comme le voyageur altéré va à l'oasis, le marin désemparé au port enfin retrouvé.

En écrivant ces lignes, je revois en esprit ces chrétiens qui ont été les heureux parents des jeunes religieuses dont je parle. Tous avaient été baptisés étant adultes et cependant ils étaient des chrétiens de la meilleure qualité. J'aime à me souvenir, en particulier, du père de la Sœur Eugénie : Eugène Okoko, modèle accompli de l'auxiliaire du Missionnaire, catéchiste, maître d'école, interprète, directeur d'orphelinat, conducteur de travaux agricoles ; il apportait dans ses différentes fonctions tantôt la qualité d'un chef, tantôt celle d'un exécutant qui faisaient dire à son supérieur, le R. P. Landais : *Eugène vaut pour moi un missionnaire.* Et quelle discrétion, quelle politesse, quelle conscience, toujours en éveil …

Cet homme vivait de la vie surnaturelle, on le devinait à son extérieur même, et il est mort comme un saint, laissant derrière lui le renom d'une vie exempte de fautes et remplie des actes d'édification et de charité les plus éminents. Il était fils d'une païenne que j'ai baptisée à un âge assez avancé.

Au confluent des eaux de la grâce et des courants de la nature primitive

Nous avons vu plus haut que ces religieuses indigènes étaient nécessaires pour pénétrer dans les milieux féminins dahoméens particulièrement réfractaires à toute influence extérieure.

Nous comprendrons mieux cette nécessité sachant ce que nous savons des chrétiens et des païens.

« *Chez nous*, écrit Sœur Eugénie, *pour devenir amies des malheureuses, il faut savoir s'intéresser à leurs récits, les écouter jusqu'au bout …* » Les écouter, assurément, mais surtout les comprendre, c'est-à-dire admettre leur logique, partager leur sentimentalité, avoir des conceptions identiques sur la vie et ses malheurs, sur Dieu et sa justice.

Que dis-je, prévoyant tout ce qui va lui être dit, la Sœur Indigène doit aller aux devants des confidences et entamer la sérieuse, la profonde conversation qui va l'introduire au milieu du passé des pauvres vieilles. C'est ainsi que la Sœur Marguerite-Marie, ayant rencontré une pauvresse en chemin, lui demande son âge, s'enquiert de son logis. Les deux femmes partent ensemble en causant. Le cœur est gagné, non parce que la Sœur a fait l'acte de charité d'aider la pauvresse à regagner sa demeure mais parce qu'elle lui a dit en cours de route des vérités qui lui ont plu : C'est Dieu qui a fait le monde, ce sont les hommes qui ont rendu mauvais le séjour de la terre ; le péché aussi est une mauvaise chose ; ce qui est consolant c'est la vie qui suivra celle-ci ; ce qui est consolant encore c'est que rien n'arrive sans la permission de Dieu. Et l'on continue à philosopher de la sorte suivant la coutume du pays avec ces expressions ou ces images, ces citations de proverbes ou ces allusions morales qui sont familières à la pauvre païenne.

La haute spiritualité chrétienne voisine là avec la simplicité des cœurs ingénus et l'on pourrait transcrire des dialogues qui nous rappelleraient la conversation du Centurion avec le Seigneur.

Le jour de la mort de Sœur Marguerite-Marie, une pauvre vieille qu'elle avait recueillie, catéchisée et baptisée et à qui on n'avait pas annoncé la fatale nouvelle se présenta tout à coup, venant à pas pressés du village ; quelque chose vient d'arriver, dit-elle tout émue, et constatant d'ailleurs la tristesse des visages, on la conduisit près du lit mortuaire et là, s'adressant à la chère défunte, elle lui dit à haute voix : *c'est toi qui m'as faite chrétienne, c'est toi qui m'as amenée dans cette maison*, et elle rappelle tous les bienfaits qu'elle avait reçus de la religieuse. Elle continua faisant le récit de sa conversion : *je n'avais pas voulu t'écouter, je ne voulais pas surtout quitter ma case pour venir dans la tienne, afin de mieux me défendre contre toi. Mais le Bon Dieu a permis que ma case s'écroulât et il m'a forcée ainsi à t'obéir ... Cette nuit encore tu es venue me voir et tu m'as dit que tu étais guérie, tu m'as fait faire ma prière avant de me quitter...* ».

Les pressentiments, les rêves, les accidents, les rencontres de hasard, quel aliment pour ces âmes qui ne cherchent qu'à surprendre les secrets de Dieu sur eux. Nous pourrions croire à la superstition, à une certaine débilité de l'esprit. Mais non, il n'y a chez ces pauvres gens qu'un sens inné du spirituel, celui de la soumission des lois physiques à la vie des âmes, une grande droiture d'intention et surtout cette confiance dans l'intervention du monde surnaturel en faveur des êtres humains.

Tout leur est dû par Dieu, semble-t-il, par Dieu qui seul, est vraiment bon, de tout ce qui existe. Nos chères Religieuses elles-mêmes, vont nous donner un exemple de cette assurance ingénue dans la prière.

L'une d'elles raconte leurs visites dans les villages : s'il y a des malades, très malades, qui reçoivent bien notre parole, nous les baptisons, dit-elle. Au commencement je disais au Bon Dieu : s'il vous plaît, mon Dieu, mettez-le bien vite au Paradis parce que, s'il guérit, peut-être ne mettra-t-il pas les pieds à l'église et il retournera au culte du fétiche. Le Bon Dieu nous exauçait. Mais les gens ont dit que nous avions de l'eau qui tuait les vieillards. Pour les rassurer, nous avons pris l'eau de leur jarre pour le baptême ; mais, malgré tout, ils nous cachaient leurs malades et nous ne baptisions plus personne.

<u>Il a fallu changer un peu notre prière</u> et demander que les vieillards aillent au ciel seulement trois semaines après le Baptême. Maintenant, que c'est comme cela, c'est très bien.

Faut-il sourire de cette candeur ? Peut-être un peu. Mais, si l'on commence, il faudra sourire souvent, et l'on finirait par avoir tort.

Combien de fois n'arrive-t-il pas que nos Fidèles viennent nous demander des Messes d'Actions de Grâces ... Ils avaient demandé, ils ont obtenu ... Ils n'ont pas hésité à demander ce qui était inutile ou impossible, du moins à nos yeux, et les évènements se présentent d'une telle manière qu'ils peuvent se croire exaucés.

Pourquoi ne le seraient-ils pas ? Dieu n'est-il pas obligé à des miracles permanents dans ces pays où les fausses religions entourent leurs adeptes de mystérieux stratagèmes et d'habiles interventions.

Ce qui fait la qualité de cette confiance d'une part, de cette reconnaissance d'autre part, c'est la soumission avec laquelle on accepte de n'avoir pas été exaucé, ou la persévérance à demander ce qu'on désire obtenir.

J'emprunte à un fait cité au début de l'autobiographie de Sœur Marguerite-Marie, un exemple de cette soumission de l'esprit même dans l'ordre naturel pour mieux faire comprendre la soumission des chrétiens dans l'ordre surnaturel.

« *Ma mère nous racontait,* écrit la petite sœur Marguerite-Marie, *que sa mère à elle ayant oublié un jour de lui donner quelques sous pour son déjeuner, elle voulut s'oublier aussi, ne disant rien jusqu'à ce que sa mère vint lui demander si elle avait mangé.* »

On ne sait ce qu'il faut le plus admirer ici, de la mortification de l'enfant ou de son respect des choses établies. Son raisonnement parait avoir été le suivant : c'est ma mère qui est chargée de me donner la nourriture nécessaire à mon existence. Ma mère a pour moi, j'en suis sûre, la plus grande affection. Puisqu'elle ne me donne pas à manger c'est donc que je ne dois rien prendre en ce moment quoique j'aie faim.

Reprenons cette phrase en substituant au mot « Mère » le Saint nom de Dieu, et en remplaçant le besoin d'aliments par le désir d'une grâce temporelle, ou celui d'une grâce spirituelle et nous arriverons à exprimer, à l'aide d'un raisonnement de petite primitive, une belle pensée chrétienne

À chaque instant nous trouvons sous la plume des religieuses indigènes des phrases qui expriment nettement que négligeant l'influence des causes secondes, elles remontent directement à Celui qui est le Maître absolu des hommes et des évènements, faisant passer dans le langage chrétien des expressions toutes préparées déjà par l'humilité primitive comme celle que j'ai citée plus haut : *Oluwua Ivre, OluwaMbe, -Dieu est là, C'est Dieu qui agit ainsi !*

La Sœur Marguerite-Marie apprend qu'on lui a imputé un état d'esprit regrettable vis-à-vis d'une de ses compagnes ; elle est très peinée de ce jugement téméraire, car c'en est un, elle serait peut-être tentée de protester parce que les Noirs de nos Missions ont beaucoup de peine à accepter l'injustice. Mais la Sœur à qui elle a confié sa peine remet le calme dans son âme par ces seuls mots : *de quoi vous inquiétez-vous, Jésus sait tout.* Ce qui veut dire : le Divin Maître aux yeux de qui rien n'est caché n'ignore pas votre innocence, vous n'aurez donc pas cessé de lui être agréable. Qu'importe le reste !

La Sœur Marguerite-Marie parle-t-elle de la naissance de sa sœur, elle dira : *Jésus daigne par sa volonté donner à mes parents un quatrième enfant.*

Raconte-t-elle l'accueil favorable qu'elle reçoit dans les villages : « *Nous voyons bien que Dieu nous conduit, écrit-elle* ». Comme c'est l'habitude de le faire dans ces races, elle interprétera tous les éléments, les petits et les grands, les bons ou les mauvais, comme des manifestations de la volonté de Dieu qui permet, défend ou tolère. Mais la jeune chrétienne s'écriera un jour, devant la constatation de la faiblesse ou de la malice humaine, devant le néant de ses mérites, l'inutilité de ses efforts : *C'est Dieu qui a tout créé, nous ne sommes pas capables de créer autre chose que le péché.*

La Sœur Eugénie écrit à la T. R. Mère Supérieure Générale des Religieuses qui sont chargées de la formation de la petite Communauté Dahoméenne : « *Jésus vous a donné un cœur bien généreux pour nous.* » parce que la T. R. Mère avait envoyé de Rome une faveur spéciale à ses filles lointaines. Elle ne dit pas : vous avez été bien généreuse pour nous, car on ne s'exprime pas de cette manière dans ces langues où toutes les qualités, tous les succès sont attribués à la munificence du Seigneur.

Devinez-vous quelle garantie l'on prend de cette manière contre la vaine gloire, la complaisance en soi-même, l'amour propre ? Vous rendez-vous compte également de la juste place que l'on donne aux créatures et au Créateur, en rendant ainsi à Dieu ce qui est à Dieu ? Et quelle simplification dans les rapports avec le prochain !

Un homme apparait-il particulièrement bien doué, intelligent, artiste, aimable, bon, sage, c'est Dieu qui lui a départi ces richesses intellectuelles ou morales. Sans doute, cette vérité n'est pas nouvelle mais, dans bien des pays, ni l'heureux bénéficiaire de ces dons, ni ceux qui en pourraient être jaloux, n'ont comme en Afrique, la notion, je dirais « actuelle » de l'ordre des choses en ces circonstances.

Pour être juste, il faut ajouter que les indigènes ont un raisonnement presque identique quand il s'agit du mal auquel on est entraîné par le démon : c'est le diable qui m'a tenté, disent les enfants surpris une première fois à voler.

Nous trouvons là l'origine de la tolérance qui est témoignée aux coupables. Une lettre de la Sœur Eugénie nous éclaire à ce sujet ; cette lettre adressée à la T. R. Mère Supérieure Générale fait allusion aux dépravations criminelles de la guerre ; il s'agissait de la Communauté établie à Liège : « *Ma mère, j'ai appris que votre maison est gravement menacée. Cela m'a causé bien de la peine. Mais, ma mère, rien n'est impossible à Dieu* ». Et, après cette phrase, on s'attend à ce que la jeune indigène parle du juste retour des choses d'ici-bas, de sanctions, de compensations du moins à ces malheurs. Écoutons-la : « *Lui-même sait comment ses enfants ont besoin d'être instruits et conduits dans la bonne voie. Ceux qui persécutent et ceux qui ont besoin d'instruction ; tous ont été sauvés par*

Jésus sur le Calvaire. Vraiment, Dieu ne laissera pas les uns sans l'instruction, et les autres toujours dans l'adversité. »

Ne nous trompons pas sur la qualité de cet optimisme qui n'est point un fatalisme facile mais l'expression de la foi en la puissance et en la miséricorde de Dieu.

Il signifie encore que, pour ces vierges chrétiennes, tout revient à être dans l'amitié de Dieu. La religion n'a pas d'autre but, et les hommes ne peuvent pas se proposer une chose meilleure que la pratique ou la connaissance de la vraie religion.

Les Vérités du Dogme, quelle nourriture pour ces âmes qui ont derrière elles des siècles d'ignorance religieuse (même quand la vie religieuse était intense) !

Ce qui leur parait le plus beau dans le Christianisme ce sont ces exposés sans fin d'une doctrine qui a les multiples aspects de l'Ancien, du Nouveau Testament, des Actes des Apôtres, de l'histoire de l'Église. Aussi, comme les catéchumènes boivent nos paroles, même les plus modestes d'entre eux, les paysans des campagnes les plus reculées.

Bien souvent, j'ai constaté que les petites Sœurs Indigènes poursuivaient d'une manière différente de la nôtre le but commun que nous cherchions ensemble dans nos visites aux vieillards : le missionnaire européen se résigne à n'atteindre que les corps qu'il soigne avec charité, ce qui lui fait faire, en attendant mieux, une bonne action très méritoire parce qu'elle rappelle la pitié de Notre Seigneur pour les malades de la Judée. Les religieuses Noires ne connaissent qu'une infirmité, l'ignorance de notre Sainte Religion qui devait être combattue immédiatement, directement.

Je ne pense pas qu'on eût pu les soumettre à un apostolat de charité comme celui qui est exercé en pays musulman et qui consiste à soigner pendant des années des malades qu'on n'a pas l'espoir de convertir.

Il y a quelque temps, je recevais d'une Sœur Indigène une lettre dans laquelle elle me faisait part d'un reproche amer qu'elle avait reçu de l'un de ses supérieurs. Je transcris le passage qui concerne ce reproche : « *Quand j'ai reçu cette lettre et que j'ai eu pris connaissance de son contenu, je me suis mise à genoux et j'ai remercié le bon Jésus de ne m'avoir pas épargnée* ». Cependant, l'épreuve est dure pour la pauvre enfant et plus loin elle ajoute : « *L'idée m'est venue de demander une permission pour m'absenter quelques jours mais je ne fuirai pas la croix. »*

On ne pourrait comprendre cette résignation, ce détachement sans l'explication de la sincérité et de la profondeur de la piété de nos nouvelles chrétiennes.

La piété suffit à tout. Là, plus qu'ailleurs, elle est le regard de ces âmes qui, grâce à elle, voient nettement où est le devoir ; elle est aussi leur force et c'est pour cela que nous les voyons atteindre de véritables sommets, se perfectionner dès le début de leur vie religieuse parce que leur foi toute neuve et insatiable n'est pas arrêtée, peu du moins, par le poids de l'analyse des sentiments, du respect humain, de la recherche de soi. Nous les voyons user d'une véritable sagesse dans un domaine simplement humain et leur conduite dans ces circonstances nous éclaire sur les caractéristiques de leur vie intérieure.

J'avais appris, il y a quelques mois, qu'une Sœur Indigène avait demandé et obtenu l'autorisation d'aller voir sa mère.

Ses bagages étaient prêts, elle avait annoncé son arrivée et vivait dans la joie de revoir sa chère maman (ceux ou celles qui connaissent l'affection des Noirs pour leur mère se représenteront cette joie).

Malheureusement, le moment était mal choisi pour des raisons spéciales connues de moi seul, j'envoyais un câblogramme pour interdire le voyage. Le câblogramme arriva la veille du départ … Je reçus une lettre douce et résignée qui me disait : « *Le sacrifice que vous m'avez imposé a été dur ! Je l'ai fait cependant parce que j'ai compris que vous ne pouviez me faire cette défense que pour mon bien, comme je sais l'étendue de votre charité pour moi. »*

Les Noirs de certaines régions éclairent ainsi leur conduite avec des principes directeurs qui gravitent autour de la soumission à la volonté de Dieu, du respect de la tradition, de l'obéissance aux chefs, de la confiance dans les parents âgés. Cette sagesse qui est en contradiction, non avec plus d'intelligence, ni avec plus de liberté, mais avec l'individualisme européen, cette sagesse leur rend les plus grands services.

Voici sa limite extrême : il n'est pas rare que nos chrétiens ayant reçu une semonce sévère mais juste, viennent nous retrouver le lendemain pour nous dire : *adupe ana, merci d'hier.*

Vous m'avez grondé, c'est vrai, vous m'avez puni, mais c'était pour mon bien et je vous en remercie.

Il est peut-être temps de dire que les meilleurs de nos chrétiens prient probablement sans distraction.

Nous le comprendrons sans peine si nous éliminons des nôtres, non pas seulement les préoccupations égoïstes, mais tous ces soucis qui nous viennent de l'inquiétude du lendemain, toutes ces agitations qu'apporte en nous le désir de réussir, sinon celui de paraître, et l'on pourrait parler du soin de nos personnes, de nos affections, de notre vanité, de notre besoin d'agir, toutes choses qui ne sont pas subordonnées chez l'Européen, comme chez les Noirs, à cette confiance dans la vie qui nous est faite par Dieu ou par les hommes, à cette défiance de nous-mêmes, à ce scepticisme à l'égard de notre importance ou de notre activité, si répandus au contraire parmi les humbles paysans africains.

Que vont devenir de telles âmes dans la vie religieuse ? Il semble bien que tous les espoirs sont permis : tout ce qui est prière va les fasciner, si je puis m'exprimer ainsi. Sœur Marguerite remarque tout de suite en arrivant à l'école une religieuse qui a laissé une grande réputation de vie intérieure. Voici comment elle en parle : *quand elle priait, les yeux à moitié fermés, les mains jointes, vous auriez dit que c'était un Ange …*

Comme ce doit être bon de prier ainsi, se dit assurément cette enfant. Elle ne tarde pas à suivre un si bel exemple, à en juger par les notes de son journal :

« *Le recueillement me faisait du bien*, dit-elle au début ; puis plus tard : *dans le temps de mes recueillements, je ne m'occupais pas à me demander ce que je ferais dans l'avenir ;* et enfin cette phrase angélique : « *Dans mon recueillement, je contemplais mon Dieu.* »

Oui, ce dût être vrai, elle a contemplé Dieu puisque Dieu a permis aux cœurs simples, aux cœurs purs, aux cœurs désintéressés de le voir ; elle l'a prié, comme l'ont prié toutes les âmes saintes de tous les temps, ces paysans, ces paysannes de nos campagnes de France d'aujourd'hui peut-être, des temps passés certainement, sans remonter jusqu'au fervent moyen-âge.

Elle a prié Dieu, s'unissant à Lui, comme le fait comprendre cette remarque qu'elle a consignée : « *Si on parle beaucoup on ne peut pas entendre la voix du Bon Dieu.* »

Cette communication avec la Divinité produit nécessairement un désir de « vie plus intense », ou pour mieux dire, de sacrifice.

La Sœur Marguerite note en effet : « *Depuis mon entrée à la Communauté, j'avais un seul désir, c'était de souffrir pour pouvoir ressembler à Jésus. Oui, j'avais soif de souffrir mais je n'avais alors que de petites peines à offrir à Jésus. Il y avait une chose dont je me plaignais, c'était de ne pas voir les épreuves que la Supérieure donne à ses novices, comme je l'avais lu dans certaines vies de saints.* »

L'épreuve vint, en effet : une accusation injuste. Elle fut accueillie comme une rosée bienfaisante par cette âme fraiche et délicate qui en retira une grande paix et un désir plus efficace de souffrir. Aussi, remarque-t-elle dans ses notes : « *Quand il m'arrivait quelque chose de fâcheux, je me disais : voilà une bonne occasion d'offrir des fleurs à Jésus, mais je ne laissais pas paraître ces petites peines.* »

Désormais, l'ascension de cette âme ne peut être que continuelle ; les grâces qu'elle reçoit ne suffisent plus aux grâces qu'elle mérite parce que son humilité, son renoncement atteignent l'ingénuité des enfants, tels qu'ils nous ont été présentés comme modèles par Notre-Seigneur. Le travail de sa sanctification suit un chemin tranquille, apaisé et généreux, ravi, et plein de contraintes. Aussi, écrira-t-elle, faisant allusion à des choses mystérieuses et douces auxquelles Notre-Seigneur a donné de grands noms, dans le sermon sur la montagne : « *Ils verront Dieu, ils posséderont la terre, il leur sera fait miséricorde, etc.* » Elle écrira donc : « *Maintenant tout va un peu bien dans mon âme, depuis que je me suis pleinement abandonnée à Jésus. Il m'attire toujours vers son divin cœur.* »

Et je termine ces citations par celle qui mérite de les couronner parce qu'elle exprime le point extrême où cette petite âme sainte a dû s'élever : « *Depuis que Jésus m'a fait comprendre comment lui seul peut suffire à une âme, je ne compte pour rien l'amour des créatures.* »

Quelle netteté dans l'affirmation : elle comprend, c'est-à-dire elle a vu, parce qu'il s'agit bien d'une claire perception, elle a vu que Jésus seul suffit. Ne croirait-on pas entendre les Sainte Agnès, les Sainte Cécile parler de ce même Jésus ?

Oui, la petite Dahoméenne dont la destinée, à une génération près, s'enfonce dans le paganisme, la petite fleur noire a trouvé Jésus parce qu'elle l'a cherché dans le renoncement à soi, dans l'humilité de sa condition, dans l'exaltation de la confiance, dans l'enivrement du sacrifice, dans toutes ces qualités ou ces vertus que Dieu nous demande quand il veut que nous nous fassions petits, ignorés de nous-mêmes, inconnus aux autres, détachés des biens de ce monde, perdus dans les foules ou solitaires dans nos âmes, qualités ou vertus qui ne sont point de notre temps cupide ou envieux, égoïste ou orgueilleux, dissipé ou indifférent.

Je voudrais terminer par deux réflexions :

1 Comme nous comprenons que le Souverain Pontife ait donné Sainte Thérèse de Lisieux comme seconde patronne aux Missions ! Ces vastes royaumes des primitifs où sont déposés les germes de fleurs si délicates, méritent d'être le domaine spécial de celle qui rappela la simplicité, l'humilité évangélique aux générations présentes.

Quand je vous citais ces phrases malhabiles de notre petite Indigène, n'avez-vous pas pensé plus d'une fois aux pensées de Sainte Thérèse elle-même, à celles qu'on a rassemblées dans ce livre admirable qu'on appelle « *L'esprit de Sainte Thérèse de l'Enfant Jésus* » [28]; sans doute, notre petite Dahoméenne balbutie à côté de la grande Sainte, mais n'est-ce pas le même langage ?

Si l'on devait rendre un hommage au Saint Missionnaire qui a discerné les premières vocations religieuses au pays de Béhanzin, ce ne serait point pour le féliciter d'avoir été l'heureux instigateur d'un nouvel ordre religieux mais d'avoir compris que ces enfants ingénues, héritières de la droiture séculaire des races primitives de ces pays ne pouvaient être formées qu'à une école de sainteté : <u>celle de la voie d'enfance</u> parce qu'elles avaient moins de chemin à parcourir que d'autres pour redevenir des enfants, ainsi que le veut le Divin Maître.

Il faut le louer aussi d'avoir fait venir de France pour diriger le Noviciat de ses Sœurs Indigènes des religieuses de cet Institut de la Sainte Famille du Sacré-Cœur que Dom Chautard[29]

---

[28] Ouvrage paru en 1930, à l'Office central de Ste Thérèse de l'Enfant Jésus.
[29] *Dom Chautard* (1858-1938), auteur de l'ouvrage « *L'âme de tout aposto-lat* » en 1912.

a signalé à l'opinion catholique dans son livre : « *L'âme de tout apostolat* », pour sa vie d'activité et de contemplation réunies.

2. N'est-il pas permis de penser que les Religieuses Indigènes issues directement de cet état primitif dont j'ai essayé de vous parler se complairaient mieux aux ravissements de l'oraison qu'aux consolations de l'apostolat même le plus fécond. J'ose le dire, je ne suis point éloigné de le croire :

a) Les Indigènes n'admettent pas facilement l'interchangeabilité de nos prières et de nos actions. Prier c'est une chose, travailler c'en est une autre, et ils établissent plus facilement que nous un cloisonnement entre l'heure de l'oraison et celle du labeur ; celle-ci perd peut-être en sanctification mais celle-là y gagne en recueillement.

b) Les Indigènes ont une soif insatiable des cérémonies, des prières publiques au cours desquelles ils éprouvent la satisfaction saine de donner à leur âme la nourriture qui lui convient. Ce robuste appétit ne les empêche pas d'apprécier ces banquets des ferventes communions, par exemple, ou ces oraisons prolongées.

c) Les Indigènes pratiquent dans leur raisonnement surnaturel une méthode que j'appellerai « verticale » et qui parait la méthode contemplative par excellence. Une vérité dogmatique exprimée sert de clef de voûte à tout un édifice moral : « *Nul ne peut servir deux maîtres*, disait la mère de la Sœur Marguerite-Marie à sa fille, dans les entretiens qu'elle avait avec elle là-bas dans le petit village païen de Yenana. Et c'était assez pour se guider longtemps, sûrement, dans le droit chemin de la Perfection, pour ces deux chrétiennes qui étaient toutes deux, suivant leur condition, à l'école de la Sainteté.

d) Les Indigènes sont très attachés en général aux pratiques de la mortification, de l'abstinence, du jeûne, qui semblent leur donner la certitude de leur repentir et qui rendent, selon eux, ce repentir plus présent à Dieu. Sans doute, les pratiques de mortification deviendraient ainsi une fin. Mais l'éducation chrétienne aurait vite fait de les persuader qu'elles doivent être un moyen qui délie leur âme des attachements terrestres.

e) Enfin, les Indigènes iraient spontanément à la vie contemplative parce que, d'une part les Saintes vérités de notre Religion offrent à leur âme un aliment qui est d'ailleurs inépuisable et qui leur a manqué principalement au cours des âges et que, d'autre part, n'ayant pas encore cette révélation de leur personnalité qui incite les créatures à porter leur regard sur elles-mêmes, ils sont plus libres que d'autres de donner, à force d'humilité, ce coup d'aile qui transporte l'âme, sinon face à Dieu, du moins si près de lui qu'ils ne peuvent se détourner de sa contemplation dans une simplicité de sentiment si bien exprimée par cette expression française que vous connaissez : « *Je l'avise et il m'avise* », dans une simplicité de sentiment si bien exprimée déjà par ce paysan de chez nous qui disait admirablement pour caractériser son union à Dieu dans la prière « *Je l'avise (Dieu) et il m'avise.* »

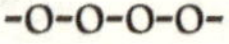

Table thématique et analytique

<table>
<tr><td>

Personnes

Pères SMA

Noms importants

</td><td>

Lieux

</td></tr>
</table>

Thèmes

TABLE DES MATIÈRES

www.ingramcontent.com/pod-product-compliance
Lightning Source LLC
Chambersburg PA
CBHW051104250726
48656CB00001B/474